DISCIPLINE NOTARIALE

CHAMBRE DES NOTAIRES

DE

L'ARRONDISSEMENT DE LILLE

DISCIPLINE NOTARIALE

CHAMBRE DES NOTAIRES

DE

L'ARRONDISSEMENT DE LILLE.

LILLE

IMPRIMERIE L. DANEL.

1924.

ORDONNANCE DU ROI

du 4 Janvier 1843

RAPPORT AU ROI

Le notariat a toujours été environné d'une grande considération. Le législateur de l'an XI, en donnant aux notaires le titre de fonctionnaires publics, a proclamé l'importance de leur profession. La nécessité de le soumettre à des conditions particulières et à un régime spécial n'a jamais été méconnue, et même à l'époque où des idées exagérées de concurrence et d'égalité dominaient dans la législation, elle a échappé à la suppression qui avait frappé les différentes corporations groupées autour de la magistrature. C'est l'étendue de la confiance que le notariat doit inspirer qui le place dans ce rang élevé : cette confiance ne s'applique pas à des faits isolés ; les actes pour lesquels son intervention est réclamée se rattachent à tous les événements successifs de la vie de la famille et à toutes les transactions qu'amènent le mouvement des affaires et les déplacements volontaires de la propriété : c'est ainsi qu'appelés à constater les volontés les plus sacrées et à donner force aux droits les plus précieux, les notaires exercent une sorte de magistrature, qui contribue puissamment au repos des familles et au maintien de la moralité publique.

Mais plus l'institution a d'importance et d'utilité, plus il est nécessaire de réprimer les abus qui tendraient à s'y introduire. Dans ces dernières années, des fautes graves ont été révélées, des désastres dont la pensée publique s'est vivement émue ont éclaté, et l'on s'est demandé s'il ne devenait pas nécessaire de donner une force nouvelle aux moyens consacrés par la loi pour prévenir le retour de semblables malheurs.

Aux termes de la loi du 25 ventôse an XI, le notariat est placé sous la surveillance des tribunaux. Il est juste et convenable, en effet, que la magistrature étende son autorité sur des fonctionnaires entre les mains desquels la loi remet les intérêts des justiciables, et qui, par leur origine, remontent aux premiers établissements de l'ordre judiciaire.

Auprès des tribunaux existent des chambres de discipline chargées d'aider cette surveillance.

Ces chambres ont été instituées par l'arrêté du 2 nivôse an XII, qui a conféré aux notaires eux-mêmes le droit de les former par voie d'élection.

Pris en vertu du pouvoir que l'art. 50 de la loi de ventôse an XI conférait au gouvernement, cet arrêté n'a pas cessé d'être en vigueur ; mais il avait sagement prévu, dans son art. 23, que l'expérience rendrait nécessaire une organisation plus complète des chambres de discipline : c'est l'accomplissement de cette prévision que nous nous sommes proposé en préparant le projet d'ordonnance que nous venons soumettre à Votre Majesté.

Les dispositions nouvelles de ce projet, qui a été délibéré en conseil d'état, ont toutes pour but de fortifier, en matière de discipline, l'action des chambres de notaires et celle des tribunaux.

La plus importante des modifications adoptées est celle qui donne aux chambres des notaires le droit de provoquer la destitution des membres de la Compagnie qui ont manqué à la probité, à l'honneur et aux règles de leur ordre. Le nouveau droit qui leur est conféré leur permettra d'exercer leur surveillance avec plus d'autorité.

L'arrêté de l'an XII ne s'était pas occupé de régler ce qui a rapport à la cléricature, et d'offrir une récompense aux notaires qui se retirent après avoir exercé leurs fonctions avec distinction.

Cependant, veiller à ce que les aspirants au notariat s'y disposent par un travail assidu et une conduite régulière, promettre une rémunération à la fin d'une carrière honorablement parcourue, c'est préparer de bons choix, c'est encourager les efforts vers le bien.

Deux titres du projet d'ordonnance sont consacrés aux aspirants à la profession de notaire et à l'honorariat.

Les chambres surveilleront la conduite des aspirants, et s'assureront qu'ils se rendent dignes des fonctions auxquelles ils prétendent.

Quant à l'honorariat, une ordonnance rendue par Votre Majesté le conférera sur la proposition des chambres de discipline et le rapport du ministre de la Justice.

Cette disposition donne un nouveau relief à l'institution ; elle la place sous l'influence de cette pensée d'ordre et de conservation, si chère à la magistrature, qui rattache les magistrats, comme membres honoraires, aux compagnies dont ils cessent de partager les travaux.

L'art. 12 renferme une des dispositions principales du projet : il défend au notaire de se livrer à certaines opérations qu'il détermine ; la plupart ne sont pas répréhensibles en elles-mêmes, mais elles tendent à compromettre la position de ces officiers publics, et à exposer leurs clients à des risques contre lesquels ceux-ci sont sans défense parce qu'ils n'ont pas dû les prévoir. La règle est que les notaires doivent se renfermer soigneusement dans l'exercice de leurs fonctions.

Les tribunaux, qui sont chargés par la loi de l'an XI de la discipline du notariat, feront respecter ces règles, dont l'application rassurera l'opinion publique. En même temps qu'ils veilleront à ce que ces prohibitions soient scrupuleusement observées à l'avenir, ils apporteront une sage mesure dans l'appréciation des faits qui ont été accomplis notoirement, de bonne foi et sans contradiction, soit des chambres de discipline, soit des magistrats.

L'ordonnance dont je viens d'exposer les bases principales manifeste clairement la juste sollicitude dont le gouvernement du roi est animé pour le notariat ; elle se rattache soigneusement dans toutes ses prescriptions aux principes de l'institution telle que l'ont faite les lois antérieures et les nécessités révélées par l'expérience : c'est dire assez que tout en réservant dans toute sa plénitude le droit de nomination, dépendance nécessaire de la puissance publique, et garantie indispensable contre les abus, le gouvernement regarde aussi comme *hors d'atteinte le droit de transmission des offices créé* par la loi du 28 avril 1816. A aucune époque, il n'a songé à admettre ni à proposer *aucune altération de ce droit,* et les inquiétudes qui ont pu se répandre à ce sujet *n'ont jamais eu le moindre fondement.*

J'ai l'honneur de soumettre à l'approbation de Votre Majesté le projet d'ordonnance relatif à l'organisation des chambres de notaires et à la discipline du notariat.

Je suis, avec le plus profond respect,

Sire,

De Votre Majesté,

Le très-humble, très-obéissant et très-fidèle serviteur,

Le Garde des Sceaux, Ministre Secrétaire d'État au département de la Justice et des Cultes,

N. MARTIN (du Nord).

ORDONNANCE DU ROI

RELATIVE A L'ORGANISATION DES CHAMBRES DE NOTAIRES ET A LA DISCIPLINE DU NOTARIAT.

LOUIS-PHILIPPE, Roi des Français,

A tous présents et à venir, salut :

Sur le rapport de notre garde des sceaux, ministre secrétaire d'état au département de la Justice et des Cultes,

Vu la loi du 25 ventôse an XI, contenant organisation du notariat, et l'arrêté du 2 nivôse an XII, relatif à l'établissement et à l'organisation des chambres de notaires ;

Notre conseil d'état entendu,

Nous avons ordonné et ordonnons ce qui suit :

Chambre de discipline des notaires et ses attributions.

Art. 1er. Il y a près de chaque tribunal civil de première instance, et dans la ville où il siège, une chambre de notaires, chargée du maintien de la discipline parmi les notaires de l'arrondissement.

Art. 2. Les attributions de la chambre sont :

1° De prononcer ou de provoquer, suivant les cas, l'application de toutes les dispositions de discipline ;

2° De prévenir ou concilier tous différends entre notaires, et notamment ceux qui pourraient s'élever, soit sur des communications, remises, dépôts ou rétentions de pièces, fonds et autres objets quelconques, soit sur des questions relatives à la réception et garde des minutes, à la préférence ou concurrence dans les inventaires, partages, ventes ou adjudications et autres actes ; et, en cas de non-conciliation, d'émettre son opinion par simple avis ;

3° De prévenir ou concilier également toutes plaintes et réclamations de la part de tiers contre des notaires, à raison de leurs fonctions ; donner simplement son avis sur les dommages-intérêts qui pourraient être dus, et réprimer, par voie de censure et autres dispositions de discipline, toutes infractions qui en seraient l'objet, sans préjudice de l'action devant les tribunaux, s'il y a lieu ;

4° De donner son avis sur les difficultés concernant le règlement des honoraires et vacations des notaires, ainsi que sur tous différends soumis à cet égard au tribunal civil ;

5° De délivrer ou refuser tous certificats de bonnes mœurs et capacité à elle demandés par les aspirants aux fonctions de notaire, prendre à ce sujet toutes délibérations, donner tous avis motivés, les adresser ou communiquer à qui de droit ;

6° De recevoir en dépôt les états et minutes dépendant des études de notaires supprimées ;

7° De représenter tous les notaires de l'arrondissement collectivement sous le rapport de leurs droits et intérêts communs.

Art. 3. Toute décision ou délibération sera inscrite sur un registre coté et paraphé par le président de la chambre.

Ce registre sera communiqué au ministère public à sa première réquisition.

Organisation de la chambre.

Art. 4. Les notaires de chaque arrondissement choisissent parmi eux les membres de leur chambre.

La chambre des notaires de Paris est composée de dix-neuf membres ; les chambres établies dans les arrondissements où le nombre des notaires et au-dessus de cinquante sont composées de neuf membres ; celle de tous les autres arrondissements, de sept.

Art. 5. Les chambres ne peuvent délibérer valablement qu'autant que les membres présents et votant sont au moins au nombre de douze pour Paris, de sept pour les chambres composées de neuf membres, et de cinq pour les autres chambres.

Art. 6. Les membres de la chambre choisissent entre eux un président, un syndic, un rapporteur, un secrétaire et un trésorier.

Le président a voix prépondérante en cas de partage d'opinions ; il convoque la chambre extraordinairement quand il le juge à propos ou sur la réquisition motivée de deux autres membres ; il a la police de la chambre.

Le syndic est partie poursuivante contre les notaires inculpés ; il est entendu préalablement à toutes délibérations de la chambre, qui est tenue de statuer sur ses réquisitions ; il a, comme le président, le droit de la convoquer ; il poursuit l'exécution de ses délibérations dans la forme ci-après déterminée ; enfin, il agit pour la chambre dans tous les cas, et conformément à ce qu'elle a délibéré.

Le rapporteur recueille les renseignements sur des faits imputés aux notaires, et en fait rapport à la chambre.

Le secrétaire rédige les délibérations de la chambre, est gardien des archives et délivre toutes les expéditions.

Le trésorier fait les recettes et les dépenses autorisées par la chambre. A la fin de chaque trimestre, la chambre assemblée arrête son compte et lui en donne décharge.

Art. 7. Le nombre des syndics peut être porté à trois pour Paris, et à deux pour les chambres dont le ressort comprend plus de cinquante notaires.

Art. 8. Le président ou le syndic et le secrétaire des chambres établies dans un chef-lieu de cour royale sont nécessairement choisis parmi les notaires résidant au chef-lieu.

Quant aux autres chambres, le président ou le syndic, ou le secrétaire est nécessaire-ment choisi parmi les notaires de la ville où siège le tribunal de première instance.

Lorsque le secrétaire ne réside pas dans la ville ou siège le tribunal, le président ou le syndic à la garde des archives, tient le registre prescrit par l'art. 33 ci-après, et délivre les expéditions des délibérations de la chambre.

Art. 9. Une ordonnance royale peut, suivant les localités, réduire ou augmenter le nombre des membres qui doivent composer les chambres, conformément aux dispo-sitions de l'art. 4. Dans ce cas, elle détermine le nombre des membres dont la présence est nécessaire à la validité des délibérations.

L'ordonnance qui réduira le nombre des membres de la chambre déclarera, s'il y a lieu, que les membres sortants pourront être réélus.

Art. 10. Indépendamment des attributions particulières données aux membres désignés en l'art. 6, chacun d'eux a voix délibérative, ainsi que les autres membres dans toutes les assemblées de la chambre, et néanmoins, lorsqu'il s'agit d'affaires ou le syndic est partie poursuivante, il ne prend pas part à la délibération.

Art. 11. Les fonctions spéciales attribuées par l'art. 6 à chacun des officiers de la chambre peuvent être cumulées lorsque le nombre des membres qui la composent est au-dessous de sept, dans le cas déterminé par l'art. 9 de la présente ordonnance ; et néanmoins, les fonctions du président, de syndic et de rapporteur sont toujours exercées par trois personnes différentes.

Quel que soit le nombre des membres composant la chambre, les mêmes fonctions peuvent aussi être cumulées momentanément, en cas d'absence ou empêchement de quelqu'un des membres désignés en l'art. 6, lesquels, pour ce cas, se suppléent entre eux, ou peuvent même être suppléés par un autre membre de la chambre.

Les suppléants sont nommés par le président, ou, s'il est absent, par la majorité des membres présents en nombre suffisant pour délibérer.

De la discipline.

Art. 12. Il est interdit aux notaires, soit par eux-mêmes, soit par des personnes inter-posées, soit directement, soit indirectement :

1° De se livrer à aucune spéculation de bourse ou opération de commerce, banque, escompte et courtage ;

2° De s'immiscer dans l'administration d'aucune société, entreprise ou compagnie de finances, de commerce ou d'industrie ;

3° De faire des spéculations relatives à l'acquisition et à la revente des immeubles, à la cession de créances, droits successifs, actions industrielles et autres droits incorporels ;

4° De s'intéresser dans aucune affaire pour laquelle ils prètent leur ministère ;

5° De placer en leur nom personnel des fonds qu'ils auraient reçus, mème à la condition d'en servir l'intérêt ;

6° De se constituer garants ou cautions, à quelque titre que ce soit, des prèts qui auraient été faits par leur intermédiaire ou qu'ils auraient été chargés de constater par acte public ou privé ;

7° De se servir de prète-noms en aucune circonstance, mème pour des actes autres que ceux désignés ci-dessus.

Art. 13. Les contraventions aux prohibitions portées en l'article précédent seront, ainsi que les autres infractions à la discipline, poursuivies, lors mème qu'il n'existerait aucune partie plaignante, et punies, suivant la gravité des cas, en conformité des dispositions de la loi du 25 ventôse an XI et de la présente ordonnance.

Art. 14. La chambre pourra prononcer contre les notaires, suivant la gravité des cas, soit le rappel à l'ordre, soit la censure simple par la décision mème, soit la censure avec réprimande, par le président aux notaires en personne, dans la chambre assemblée, soit la privation de voix délibérative dans l'assemblée générale, soit l'interdiction de l'entrée de la chambre pendant un espace de temps qui ne pourra excéder trois ans, pour la première fois, et qui pourra s'étendre à six ans en cas de récidive.

Art. 15. Si l'inculpation paraît assez grave pour mériter la suspension ou la destitution du notaire inculpé, la chambre s'adjoindra, par la voie du sort, d'autres notaires de l'arrondissement, savoir : celle de Paris, dix notaires et les autres chambres, un nombre inférieur de deux à celui de leur membres.

La chambre ainsi composée émettra, par forme de simple avis et à la majorité absolue des voix, son opinion sur la suspension et sa durée, ou sur la destitution.

Les voix seront recueillies, en ce cas, au scrutin secret, par *oui* ou par *non* ; mais l'avis ne pourra être formé qu'autant que les deux tiers, au moins, de tous les membres appelés à l'assemblée seront présents.

Art. 16. Quand la chambre, ainsi composée, sera d'avis de provoquer la suspension ou la destitution, une expédition du procès-verbal de sa délibération sera déposée au greffe du tribunal, et une expédition en sera remise au procureur du roi.

Art. 17. Le syndic déférera à la chambre les faits relatifs à la discipline, et il sera tenu de les lui dénoncer, soit sur l'invitation du procureur du roi, soit sur la provocation des parties intéressées ou d'un des membres de la chambre.

Le notaire inculpé sera cité à comparaître devant la chambre dans un délai qui ne pourra être au-dessous de cinq jours, à la diligence du syndic, par une simple lettre indicative des faits, signée de lui, et envoyée par le secrétaire, qui en tiendra note.

Si le notaire ne comparaît point sur la lettre du syndic, il sera cité une seconde fois, dans le mème délai, à la mème diligence, par ministère d'huissier.

Art. 18. Quant aux différends entre notaires et aux difficultés sur lesquelles la chambre est chargée d'émettre son avis, les notaires pourront se présenter contradictoirement et sans citation préalable devant la chambre ; ils pourront également y être cités, soit par de simples lettres énonçant les faits, signées des notaires qui s'adressent à la chambre, et envoyées par le secrétaire auquel ils en remettent des doubles, soit par des actes d'huissier, dont ils déposeront les originaux au secrétariat. Les lettres et citations sont préalablement visées par le président de la chambre. Le délai pour comparaître sera fixé par l'art. 17 de la présente ordonnance.

Art. 19. Lorsqu'un notaire sera parent ou allié, en ligne directe, à quelque degré que ce soit, et en ligne collatérale jusqu'au degré d'oncle ou de neveu inclusivement, de la partie plaignante ou du notaire inculpé ou intéressé, il ne pourra prendre part à la délibération.

Art. 20. La chambre prendra ses délibérations sur les plaintes et réclamations des tiers, après avoir entendu ou dûment appelé, dans la forme ci-dessus prescrite, les notaires inculpés ou intéressés, ensemble les tiers qui voudront être entendus, et qui, dans tous les cas, pourront se faire représenter ou assister par un notaire.

Les délibérations de la chambre seront motivées et signées par le président et le secrétaire à la séance même où elles seront prises.

Chaque délibération contiendra les noms des membres présents.

Ces délibérations n'étant que de simples actes d'administration, d'ordre ou de discipline, ou de simples avis, ne sont, dans aucun cas, sujettes à l'enregistrement, non plus que les pièces y relatives.

Les délibérations de la chambre sont notifiées, quand il y a lieu, dans la même forme que les citations, et il en est fait mention par le secrétaire en marge desdites délibérations.

Art. 21. Les assemblées de la chambre se tiendront en un local à ce destiné, dans la ville où elle sera établie.

Art. 22. Il y aura chaque année deux assemblées générales des notaires de l'arrondissement.

D'autres assemblées générales pourront avoir lieu toutes les fois que la chambre le jugera convenable.

Les assemblées générales ou extraordinaires seront convoquées conformément aux dispositions de l'art. 6.

Tous les notaires du ressort de la chambre seront invités à s'y rendre soit pour les nominations dont parle l'art. 25 ci-après, soit pour se concerter sur ce qui intéressera l'exercice de leurs fonctions.

Art. 23. Les règlements qui seront faits, soit par l'assemblée générale, soit par la chambre, seront remis au procureur du roi, adressés par lui au procureur-général et soumis à l'approbation de notre garde des sceaux, ministre de la Justice.

Art. 24. La présence du tiers des notaires de l'arrondissement, non compris les membres de la chambre, sera nécessaire pour la validité des délibérations de l'assemblée générale et pour les élections auxquelles elle procédera.

Nomination des membres de la chambre et durée de leurs fonctions.

Art. 25. Les membres de la chambre seront nommés par l'assemblée générale des notaires, convoquée à cet effet.

La moitié au moins desdits membres sera choisie dans les plus anciens en exercice, formant les deux tiers de tous les notaires du ressort.

Deux au moins des membres appelés à faire partie des chambres établies dans un chef-lieu de cour royale, seront nécessairement choisis parmi les notaires résidant au chef-lieu.

Quant aux autres chambres, un de leurs membres sera nécessairement choisi parmi les notaires de la ville où siège le tribunal de première instance.

La nomination aura lieu à la majorité absolue des voix, au scrutin secret et par bulletin de liste contenant un nombre de noms qui ne pourra excéder celui des membres à nommer.

Le notaire élu membre de la chambre ne pourra refuser les fonctions qui lui auront été déférées qu'autant que son refus aura été agréé par l'assemblée générale.

Art. 26. La chambre sera renouvelée par tiers chaque année, pour les nombres qui comportent cette division, et par portions approchant le plus du tiers pour les autres nombres, en faisant alterner chaque année les portions inférieures et supérieures au tiers, mais en commençant par les inférieures, et de manière que dans tous les cas aucun membre ne puisse rester en fonctions plus de trois ans consécutifs, sauf ce qui est dit en l'article précédent.

Art. 27. Les membres désignés pour composer la chambre nommeront entre eux, en suivant le mode de l'article 25, le président et les autres officiers dont parle l'art. 6. Le président sera toujours pris parmi les plus anciens désignés dans l'art. 25, sauf l'application de l'art. 8.

Ces nominations se renouvelleront chaque année ; les mêmes pourront être réélus ; à égalité de voix, le plus ancien d'âge sera préféré.

Les membres élus officiers ne pourront refuser.

Art. 28. La nomination des membres de la chambre aura lieu dans la première quinzaine du mois de mai de chaque année.

L'élection des officiers sera faite, au plus tard, le 15 mai, et la chambre sera constituée aussitôt après cette élection.

Des notaires honoraires.

Art. 29. Le titre de notaire honoraire pourra être conféré par nous, sur la proposition de la chambre et le rapport de notre garde de sceaux, ministre de la Justice, aux notaires qui auront exercé leurs fonctions pendant vingt années consécutives.

Art. 30. Les notaires honoraires auront droit d'assister aux assemblées générales. Ils auront voix consultative.

Des aspirants au notariat.

Art. 31. Tout clerc qui aspirera aux fonctions de notaire se pourvoira d'un certificat du notaire chez lequel il travaillera. Ce certificat constatera le grade qu'il occupe dans l'étude du notaire.

Art. 32. L'inscription au stage prescrit par les art. 36 et suivants de la loi du 25 ventôse an XI aura lieu sur la production faite par l'aspirant de son acte de naissance et du certificat mentionné en l'article précédent.

Art. 33. Il sera tenu à cet effet, par le secrétaire, un registre qui sera coté et paraphé par le président. Les inscriptions audit registre seront signées tant par le secrétaire de la chambre que par l'aspirant. Elles devront être faites dans les trois mois de la date du certificat délivré, comme il est dit en l'art. 31. Ce certificat et l'acte de naissance de l'aspirant resteront déposés aux archives de la chambre.

Art. 34. Aucun aspirant au notariat ne sera admis à l'inscription s'il n'est âgé de dix-sept ans accomplis.

Art. 35. Les inscriptions pour les grades inférieurs à celui de quatrième clerc ne seront admises que sur l'autorisation de la chambre, qui pourra la refuser lorsque le nombre des clercs demandé sera évidemment hors de proportion avec l'importance de l'étude.

Le même grade ne pourra être conféré concurremment à deux ou plusieurs clercs dans la même étude.

Art. 36. Toutes les fois qu'un aspirant passera d'un grade à un autre, ou changera d'étude, il sera tenu d'en faire, dans les trois mois, la déclaration, qui sera reçue dans la forme prescrite par l'art. 33 ci-dessus. Cette déclaration sera toujours accompagnée d'un certificat constatant son grade.

Art. 37. Les chambres exerceront une surveillance générale sur la conduite de tous les aspirants de leur ressort, et pourront suivant les circonstances, prononcer contre eux soit le rappel à l'ordre, soit la censure, soit enfin la suppression du stage pendant un temps déterminé, qui ne pourra excéder une année.

Il sera procédé contre les clercs dans les mêmes formes que celles prescrites par la présente ordonnance à l'égard des notaires.

Néanmoins les dispositions des articles 15 et 16 ne seront pas applicables.

Dans tous les cas, le notaire dans l'étude duquel travaillera le clerc inculpé sera préalablement entendu ou appelé.

Art. 38. Dans le mois de la publication de la présente ordonnance, le registre d'inscription prescrit par l'art. 33 sera ouvert au secrétariat des chambres, où ce mode de constater le stage ne serait pas déjà établi.

Tous les aspirants travaillant dans les études du ressort desdites chambres seront tenus de se faire inscrire au plus tard avant le 1er avril prochain, et la première inscription de chacun d'eux, faite dans ledit délai, constatera tout le temps du stage qui leur sera déjà acquis en vertu des certificats qu'ils représenteront, lesquels, pour cette première inscription, devront être visés par le syndic de la chambre.

De la bourse commune.

Art. 39. Il y aura une bourse commune pour les dépenses de la chambre.

Il n'y sera versé que les sommes nécessaires pour subvenir aux dépenses votées par l'assemblée générale.

La délibération par laquelle l'assemblée générale l'aura établie sera soumise à l'approbation de notre garde des sceaux, ministre de la Justice, ainsi qu'il est dit en l'art. 23 ci-dessus.

La répartition des sommes votées entre les notaires de l'arrondissement sera proposée par l'assemblée générale ; le rôle en sera rendu exécutoire par le premier président, sur l'avis du procureur général.

Dispositions générales.

Art. 40. L'arrêté du 2 nivôse an XII est abrogé.

Néanmoins, les chambres actuellement en exercice sont maintenues.

Elles seront organisées conformément à la présente ordonnance, lors du renouvellement triennal qui aura lieu dans la première quinzaine du mois de mai prochain.

Notre garde des sceaux, ministre secrétaire d'Etat au département de la Justice et des Cultes, est chargé de l'exécution de la présente ordonnance, qui sera insérée au *Bulletin des Lois*.

Donné au Palais des Tuileries, le 4 janvier 1843.

LOUIS-PHILIPPE.

Par le Roi :

*Le garde des sceaux ministre secrétaire d'Etat au département
de la Justice et des Cultes,*

N. MARTIN (du Nord).

INSTRUCTION

SUR L'ORDONNANCE DU 4 JANVIER 1843

RELATIVE A L'ORGANISATION DE LA CHAMBRE DES NOTAIRES ET A LA DISCIPLINE DU NOTARIAT

Paris, le 12 janvier 1843.

Monsieur le Procureur général,

Je vous transmets une ordonnance du roi, en date du 4 de ce mois, relative à l'organisation des chambres de notaires et à la discipline du notariat. Le rapport que j'ai adressé à Sa Majesté en fait suffisamment connaître les motifs. Il me reste à vous donner quelques explications sur son exécution.

Les tribunaux sont chargés de surveiller les notaires aussi bien que les autres officiers publics de leur ressort. L'ordonnance, art. 1 et 2, maintient auprès d'eux les chambres de discipline dont elle rappelle les principales attributions.

Ces chambres ont établies pour aider la surveillance de l'autorité judiciaire ; mais les tribunaux ne sont pas obligés de prendre leur avis, car ils tiennent des lois des 25 ventôse an XI, 30 mars 1808 et 20 avril 1810, le droit de prononcer contre les notaires les peines que les chambres pourraient elles-mêmes infliger.

L'ordonnance exige, art. 3, que les décisions et délibérations de ces chambres soient sans exception, inscrites sur un registre coté et paraphé par le président, et que ce registre soit communiqué au ministère public toutes les fois qu'il jugera convenable d'en prendre connaissance. Ce n'est pas là un droit nouveau : ce droit résulte des dispositions des lois précitées.

Le ministère public n'en usera, comme par le passé qu'*avec beaucoup de réserve* ; mais les chambres feront connaître à vos substituts toutes les décisions prises par elles en matière disciplinaire. Ces magistrats vous en informeront, et vous voudrez bien, à votre tour, m'en rendre compte.

Les articles suivants reproduisent, en modifiant seulement leur rédaction, les articles 3 et suivants de l'arrêté du 2 nivose an XII. Ils continueront à être exécutés comme ils l'ont été jusqu'à ce jour. Je vous rappellerai cependant que tous les notaires *doivent assister aux assemblées générales,* et que s'ils s'en abstenaient sans cause légitime, ils manqueraient à leurs devoirs et seraient *passibles de peines disciplinaires.*

Les rapports des magistrats avec les chambres sont très fréquents et rendent nécessaires les dispositions des art. 8 et 25, aux termes desquels un ou plusieurs officiers de ces chambres seront toujours choisis parmi les notaires résidaut au chef-lieu du tribunal.

L'art. 9 autorise le gouvernement à augmenter ou à réduire le nombre des membres de la chambre, et, en cas de réduction, à permettre la rééligibilité des membres sortants. Vous voudrez bien, M. le procureur général, après avoir demandé des renseignements à vos substituts, m'indiquer les arrondissements de votre ressort dans lesquels le nombre des notaires vous paraîtrait nécessiter l'application de ces mesures.

J'appellerai votre attention et celle de vos substituts sur les dispositions des art. 12 et 13. L'énumération de certaines prohibitions n'est et ne pouvait être qu'énonciative. Les droits que les magistrats tiennent de la loi du 25 ventôse an XI et de celle du 20 avril 1810 restent les mêmes. Il a seulement paru nécessaire de leur signaler, ainsi qu'aux justiciables et aux notaires eux-mêmes, certains actes auxquels ces fonctionnaires ne sauraient se livrer sans s'exposer à compromettre leur position et les intérêts de leurs clients.

Les tribunaux pourront toujours, d'ailleurs, proportionner les peines à la gravité des faits qui leur seront dénoncés.

C'est surtout au ministère public qu'il appartient de surveiller les notaires ; il peut, suivant les circonstances, charger le syndic de déférer à la chambre les faits dont il a connaissance ou exercer immédiatement des poursuites. Toutes les fois que vos substituts croiront convenable de saisir le tribunal, ils devront vous rendre compte des faits et attendre vos instructions. Vous voudrez bien m'informer des poursuites que vous aurez ordonnées.

L'arrêté du 2 nivôse an XII autorisait les chambres à provoquer la suspension ; elles pourront, à l'avenir, demander aux tribunaux la destitution. C'est là un droit qu'il était juste et utile de leur accorder.

Certains détails ne pouvaient être prévus par l'ordonnance ; aux termes de l'art. 23, ils seront l'objet de règlements qui ne devront, en général, s'occuper que des rapports des notaires entre eux, de la police intérieure et de la bourse commune. Les règlements existants seront revus. Les uns et les autres seront soumis à mon approbation. Ils me seront transmis avec les observations de vos substituts et avec votre avis.

Vous remarquerez que l'art. 25 de l'ordonnance laisse, pour les élections des membres de la chambre, une plus grande latitude que l'art. 18 de l'arrêté du 2 nivôse an XII. La moitié des membres devra, à l'avenir, être choisie parmi les plus anciens en exercice, formant les deux tiers, au lieu du tiers seulement, de tous les notaires de l'arrondissement.

L'honorariat pourra, d'après l'art. 29, être accordé, par ordonnance royale, aux notaires qui se retireront après vingt années d'exercice. Les propositions qui seront faites à cet égard par les chambres me seront transmises, comme les autres délibérations, avec les observations de vos substituts et avec votre avis.

L'ordonnance ne dispose que pour l'avenir. Les notaires qui ont obtenu le titre de notaire honoraire le conservent et n'ont point à solliciter l'institution royale.

Les art. 31 à 38 sont relatifs aux aspirants au notariat qui seront soumis à la surveillance des chambres, et dont le stage ne pourra plus désormais être constaté autrement que par leur inscription sur un registre à ce destiné.

D'après l'art. 39, il continuera à y avoir une bourse commune pour les dépenses reconnues nécessaires par l'assemblée générale ; la délibération qui l'établira sera soumise à mon approbation. Le rôle en sera rendu exécutoire par M. le premier président, sur votre avis.

Enfin, l'arrêté du 2 nivôse an XII est abrogé, mais les chambres ne seront organisées en conformité des dispositions de l'ordonnance du 4 de ce mois que lors des élections qui auront lieu au mois de mai prochain.

Telles sont, M. le procureur général, les principales dispositions de l'ordonnance. Elles offrent des garanties aux justiciables et seront accueillies avec reconnaissance par le notariat, puisqu'elles doivent maintenir la pureté de cette institution et lui assurer la considération dont elle a toujours été entourée. Je vous prie de veiller par vous-même et par vos substituts à leur exécution.

Vous voudrez bien m'accuser réception de ces instructions, dont je vous adresse un exemplaire pour chacun des procureurs du roi de votre ressort.

Je vous envoie également des exemplaires du rapport au roi et de l'ordonnance, pour être distribués à vos substituts et aux chambres de notaires.

Recevez, M. le procureur général, l'assurance de ma considération très distinguée.

Le garde des sceaux, ministre secrétaire d'Etat au département
de la Justice et des Cultes,

N. MARTIN (du Nord).

DÉCRETS

DES

30 Janvier 1890

ET

2 et 15 Février 1890

SUR LA

COMPTABILITÉ NOTARIALE.

DÉCRET DU 30 JANVIER 1890

complétant l'ordonnance du 4 janvier 1843 sur le Notariat.

Le Président de la République Française,

Sur le rapport du Garde des sceaux, Ministre de la Justice et des Cultes ;

Vu la loi du 25 ventôse an XI et l'ordonnance du 4 janvier 1843 ;

Vu l'ordonnance du 24 décembre 1839 ;

Vu l'avis du Ministre des Finances et de la commission de surveillance de la Caisse des dépôts et consignations, en date des 26 novembre et 20 décembre 1888 ;

Le Conseil d'Etat entendu,

Décrète :

ARTICLE 1.

Indépendamment des prohibitions énoncées dans l'ordonnance du 4 janvier 1843, il est interdit aux notaires :

1° De recevoir ou conserver des fonds, à charge d'en servir l'intérêt ;

2° D'employer, même temporairement, les sommes ou valeurs dont ils sont constitués détenteurs à un titre quelconque, à un usage auquel elles ne seraient pas destinées ;

3° De retenir, même en cas d'opposition, les sommes qui doivent être versées par eux à la Caisse des dépôts et consignations dans les cas prévus par les lois, décrets ou règlements ;

4° De faire signer des billets ou reconnaissances en laissant le nom du créancier en blanc ;

5° De laisser intervenir leurs clercs, sans un mandat écrit, dans les actes qu'ils reçoivent.

ARTICLE 2.

Les notaires ne peuvent conserver, durant plus de six mois, les sommes qu'ils détiennent pour le compte de tiers, à quelque titre que ce soit.

Toute somme qui, avant l'expiration de ce délai, n'a pas été remise aux ayants droit sera versée par le notaire à la Caisse des dépôts et consignations.

Toutefois les notaires peuvent conserver ces fonds pour une nouvelle période n'excédant pas six mois, sur la demande écrite des parties intéressées.

La demande ne peut être adressée au notaire que dans le mois précédant l'expiration du délai fixé au paragraphe premier.

Les notaires doivent donner immédiatement avis à la chambre de la demande qui leur aura été adressée.

ARTICLE 3.

Chaque notaire doit tenir une comptabilité destinée spécialement à constater les recettes et les dépenses de toute nature effectuées pour le compte de ses clients ; à cet effet, il doit avoir au moins un livre-journal, un registre de frais d'actes, un grand-livre, un livre de dépôts de titres et valeurs, conformes à un modèle arrêté par le Garde des sceaux.

Le livre-journal et le livre de dépôt de titres et valeurs sont cotés et paraphés par le président du Tribunal.

ARTICLE 4.

Le livre-journal doit mentionner, jour par jour, par ordre de dates, sans blancs, lacunes, ni transports en marge, notamment :

1° Les noms des parties ;

2° Les sommes dont le notaire aura été constitué détenteur et leur destination, ainsi que les recettes de toute nature et les sorties de fonds.

Chaque article aura un numéro d'ordre et contiendra un renvoi au folio du grand-livre où se trouve reportée, soit la recette, soit la dépense.

ARTICLE 5.

Le registre d'étude ou de frais d'actes contient, dans l'ordre chronologique des actes reçus par le notaire, sous le nom du client débiteur, le détail des frais et honoraires de chaque acte.

ARTICLE 6.

Le grand-livre contient le compte de chaque client par le relevé de toutes les recettes et dépenses effectuées pour lui.

La balance de chaque compte doit être faite au moins une fois par trimestre, soit sur le grand-livre, soit un registre spécial de balances de comptes.

ARTICLE 7.

Le livre de dépôts de titres et valeurs mentionne jour par jour, par ordre de dates, sans blancs, lacunes, ni transports en marge, au nom de chaque client, les entrées et sorties des titres et valeurs au porteur ou nominatifs, avec l'indication de leurs numéros et immatricules.

ARTICLE 8.

Les chambres de discipline sont chargées de vérifier si la comptabilité des notaires est régulière et si la situation de la caisse spéciale des dépôts est conforme aux énonciations des registres, sans préjudice des droits de surveillance qui appartiennent également au ministère public.

Pour exercer son contrôle, la Chambre désigne des délégués qui devront procéder à la vérification, au moins une fois l'an, dans chaque étude de l'arrondissement.

Les délégués sont choisis parmi les membres ou anciens membres de la Chambre et les notaires honoraires, qu'ils aient ou non exercé dans l'arrondissement.

Les notaires en exercice ne pourront refuser cette délégation.

Chaque vérification est faite par deux délégués ; hors de Paris, ces délégués sont choisis, autant que possible, pour les chefs-lieux d'arrondissement et pour chaque canton, parmi les notaires étrangers à ces résidences.

ARTICLE 9.

Les délégués ont le droit de se faire représenter, sans déplacement et à toute réquisition, les registres de comptabilité et les actes qui ont pu être l'occasion d'un dépôt.

Ils apposent leur visa sur les registres, avec l'indication du jour de la vérification.

Ils s'assurent des conditions dans lesquelles a eu lieu la prorogation de délai prévue au paragraphe 3 de l'article 2.

Les clercs doivent rendre compte aux délégués de l'exécution des mandats qui leur ont été confiés et dont mention est faite dans les actes reçus par le notaire chez lequel ils travaillent.

Les délégués transmettent sans délai à la Chambre de discipline le compte rendu de leurs opérations.

ARTICLE 10.

Le Président de la Chambre adresse au Procureur de la République un rapport constatant, pour chaque étude, les résultats de la vérification et accompagné de son avis motivé.

Ces rapports seront transmis au fur et à mesure des vérifications et au plus tard avant le 31 décembre de chaque année.

ARTICLE 11.

Seront punies, conformément aux dispositions de la loi du 25 ventôse an XI et de l'ordonnance du 4 janvier 1843, les contraventions au présent décret et au règlement prévu en l'article 17 ci-après, y compris celles qui seraient commises par les membres ou délégués des chambres.

ARTICLE 12.

En cas de manquements graves à ses devoirs, notamment à ceux qui découlent de la mission qui lui est confiée par l'article 8 ci-dessus, la Chambre de discipline peut être suspendue on dissoute par arrêté du Garde des sceaux, après avis de la première chambre de la Cour d'appel délibérant en chambre du conseil.

Le Ministère public saisit la Cour par voie de citation donnée au président et au syndic de la Chambre de discipline. Le délai de la citation sera de huitaine.

Le procureur général transmet, avec ses observations, l'avis de la Cour au Garde des Sceaux pour être par lui statué ce qu'il appartiendra.

ARTICLE 13.

La suspension ne peut être prononcée pour plus de six mois.

ARTICLE 14.

Pendant la durée de la suspension, ou en cas de dissolution, les attributions de la chambre de discipline sont transférées au tribunal, ou aux deux premières chambres dans les tribunaux composés de plus de deux chambres.

La chambre des vacations aura les mêmes pouvoirs durant les vacances des tribunaux.

Le tribunal, ainsi constitué en chambre de discipline, peut, dans le cas où il le juge nécessaire, désigner un ou plusieurs notaires honoraires ou en exercice, chargés d'agir pour la chambre et conformément à ce qu'il aura délibéré. Néanmoins les poursuites disciplinaires ne peuvent être exercées que par le ministère public.

ARTICLE 15.

A l'expiration du délai fixé par l'arrêté de dissolution, délai qui ne peut excéder trois années, le président du tribunal convoque l'Assemblée générale des notaires pour procéder à l'élection d'une nouvelle chambre de discipline.

ARTICLE 16.

Les dispositions relatives au dépôt des fonds et à la comptabilité seront exécutoires à partir du 1er juillet 1890.

Celles des articles 8, 9 et 10 du présent décret seront exécutoires pour les chambres de discipline à partir du 1er janvier 1891.

ARTICLE 17.

Il sera pourvu, d'accord avec le Ministre des finances, au règlement des formalités spéciales nécessaires pour le dépôt et pour le retrait des sommes déposées à la Caisse des dépôts et consignations en vertu de l'article 2 du présent décret.

ARTICLE 18.

Le Garde des sceaux, Ministre de la Justice et des Cultes, est chargé de l'exécution du présent décret, qui sera inséré au *Journal officiel* et au *Bulletin des lois*.

Signé : CARNOT.

Par le Président de la République :

Le Garde des sceaux, Ministre de la Justice et des Cultes,

Signé : THÉVENET.

DÉCRET DU 2 FÉVRIER 1890

relatif au dépôt et au retrait des sommes versées par les notaires à la caisse des dépôts et consignations.

Le Président de la République Française,

Sur le rapport du Garde des sceaux, Ministre de la Justice et des Cultes, et du Ministre des Finances ;

Vu le décret du 30 janvier 1890, complétant l'ordonnance du 4 janvier 1843 sur le notariat, notamment les articles 2 et 17 ainsi conçus :

Art. 2. Les notaires ne peuvent conserver durant plus de six mois les sommes qu'ils détiennent pour le compte de tiers à quelque titre que ce soit. Toute somme qui, avant l'expiration de ce délai n'a pas été remise aux ayants droit sera versée par le notaire à la Caisse des dépôts et consignations. Toutefois, les notaires peuvent conserver ces fonds pour une nouvelle période n'excédant pas six mois, sur la demande écrite des parties intéressées. La demande ne peut être adressée au notaire que dans le mois précédant l'expiration du délai fixé au paragraphe 1er. Les notaires doivent donner immédiatement avis à la Chambre de la demande qui leur aura été adressée.

Art. 17. Il sera pourvu, d'accord avec le Ministre des Finances, au règlement des formalités spéciales nécessaires pour le dépôt et pour le retrait des sommes déposées à la Caisse des dépôts et consignations en vertu de l'article 2 du présent décret.

Vu l'ordonnance du 24 décembre 1839 ;

Vu l'avis de la Commission de surveillance de la Caisse des dépôts et consignations, en date du 15 janvier 1890 ;

Les sections de législation, de la justice et des affaires étrangères, des finances, des postes et télégraphes, de la guerre, de la marine et des colonies, du Conseil d'État entendues.

Décrète :

CHAPITRE I.

Des versements

ARTICLE 1.

Les sommes que les notaires, en vertu de l'article 2 du décret du 30 janvier 1890, versent à la Caisse des dépôts, sont reçues à Paris et dans le département de la Seine, à la Caisse générale et, dans les départements, par les préposés de la Caisse pour l'arrondissement dans lequel les notaires ont leur résidence. Toutefois la chambre de discipline pourra autoriser un notaire à effectuer ses versements dans un arrondissement voisin.

ARTICLE 2.

Chaque versement est accompagné de la remise par le déposant au préposé de la Caisse des dépôts d'un bulletin destiné à la chambre de discipline et mentionnant l'affaire ou les affaires donnant lieu au versement. Cette mention est uniformément conçue dans les termes suivants : « Affaire N..... ».

La Caisse des dépôts demeure étrangère aux indications et mentions portées sur les bulletins de versement ; elle ne les relate ni dans ses écritures, ni dans les récépissés qu'elle délivre aux parties versantes. Elle reçoit ces bulletins pour les remettre à la chambre de discipline dont relève le notaire.

ARTICLE 3.

Chaque versement donne lieu à la délivrance d'un récépissé à talon, établi au nom du notaire déposant, dans les conditions déterminées par les articles 1 et 7 de la loi du 24 avril 1833.

CHAPITRE II.

Des retraits

ARTICLE 4.

Les fonds versés par les notaires sont remboursés par les préposés de la Caisse des dépôts qui ont reçu les versements, sur la production d'autorisations de paiement délivrées par les notaires et à la suite d'avis préalables adressés aux préposés, dans un délai déterminé par les arrêtés du directeur général prévus à l'article 13 ci-après et qui ne pourra excéder cinq jours.

ARTICLE 5.

Les autorisations sont détachées d'un carnet à souche ou à talon. Elle y sont comprises entre la souche et le talon. Une suite continue de numéros est imprimée sur les souches, sur les autorisations et sur les deux parties des talons prévues à l'art. 8 ci-après.

ARTICLE 6.

Ces autorisations sont délivrées par le notaire titulaire du compte courant ; elles sont quittancées en présence du comptable chargé du paiement, soit par le notaire, soit par son fondé de procuration, soit par la personne dont il a spécialement accrédité la signature pour un retrait déterminé.

ARTICLE 7.

Le notaire qui délivre une autorisation de paiement reproduit à la souche les indications qui figurent dans cette autorisation. Il y ajoute la mention de l'affaire ou des affaires donnant lieu au retrait.

ARTICLE 8.

Le talon de l'autorisation de paiement est divisé horizontalement en deux parties.

La première renferme la formule de l'avis préalable à adresser au préposé de la Caisse. Cette formule indique si le paiement sera réclamé par le notaire lui-même, par son fondé de pouvoir ou par une tierce personne dont, dans ce cas, elle accrédite la signature.

La seconde partie du talon, dite bulletin de retrait, mentionne la date de l'avis et la somme qu'il concerne. Le talon comprenant l'avis et le bulletin de retrait est remis au préposé de la Caisse, dans les délais réglementaires, par les soins du notaire qui veut effectuer le retrait.

Les bulletins de retrait séparés des avis sont mis par la Caisse des dépôts à la disposition de la Chambre de discipline, dans les conditions prévues pour les bulletins de versement à l'article 2 du présent décret.

ARTICLE 9.

Les autorisations de paiement ne mentionnent pas le nom de la personne appelée à les quittancer ; elles se bornent à énoncer que le paiement devra être effectué entre les mains de la partie désignée dans la formule d'avis.

ARTICLE 10.

Les autorisations de paiement ne sont valables que pendant les trente jours qui suivent la date où l'avis est parvenu à la Caisse. Cette clause est insérée dans le texte des autorisations.

Lorsqu'une autorisation n'est pas présentée dans ce délai de trente jours, l'avis et l'autorisation sont considérés comme nuls. La partie du talon portant avis est renvoyée au notaire.

ARTICLE 11.

Le carnet à souche des autorisations de paiement est établi conformément au modèle arrêté par le Directeur général de la Caisse des dépôts. Il est fourni, à charge de remboursement, par la Caisse des dépôts. Il est remis, par les soins de la Chambre de discipline, au notaire intéressé, qui ne peut être détenteur que d'un seul carnet à la fois.

Le nom du notaire et le numéro de son compte courant sont reproduits à l'encre grasse sur la souche, sur l'autorisation de paiement et sur les deux parties du talon.

Le sceau de la Chambre de discipline est apposé à la souche sur chaque page du carnet.

La Chambre de discipline fait connaître à la Caisse la date de la remise de chaque carnet, ainsi que le nombre et la série des numéros des autorisations contenues dans le carnet.

CHAPITRE III.

Du compte courant.

ARTICLE 12.

La Caisse des dépôts tient un compte spécial au nom de chaque notaire déposant. Ce compte est réglé, en capital et intérêts au 31 décembre de chaque année.

Les intérêts annuels sont capitalisés à cette date. Dans le courant de l'année ils ne sont liquidés et payés que sur demande spéciale et pour un compte soldé intégralement.

ARTICLE 13.

Les conditions des comptes courants ouverts aux notaires qui ne sont prévues au présent décret et, en particulier, les délais d'avis préalable et le taux de l'intérêt bonifié, sont déterminées par des arrêtés du directeur de la Caisse des dépôts, pris après avis de la commission de surveillance et soumis à l'approbation du Ministre des Finances.

ARTICLE 14.

Un extrait de son compte courant, arrêté le 31 décembre précédent, est transmis dans les deux premiers mois de l'année à chaque notaire par l'intermédiaire de la chambre de discipline de l'intéressé.

La caisse doit donner à toute époque communication du compte courant d'un notaire à la chambre de discipline.

ARTICLE 15.

Les dispositions du présent décret sont applicables à partir du 1er juillet 1890.

ARTICLE 16.

Le Garde des sceaux, Ministre de la Justice et des Cultes et le Ministre des Finances sont chargés, chacun en ce qui le concerne, de l'exécution du présent décret qui sera inséré au *Bulletin des Lois* et publié au *Journal officiel*.

Fait à Paris, le 2 février 1890.

Signé : CARNOT.

Par le Président de la République :

Le Garde des sceaux,
Ministre de la justice et des cultes
Signé : THÉVENET.

Le Ministre des Finances,
Signé : ROUVIER.

ARRÊTÉ DU 15 FÉVRIER 1890

du Ministre de la Justice, fixant les modèles des registres de la comptabilité notariale.

Nous, Garde des sceaux, Ministre de la Justice et des Cultes,

Vu l'article 3 du décret du 30 janvier 1890 ainsi conçu :

Chaque notaire doit tenir une comptabilité destinée spécialement à constater les recettes et les dépenses de toute nature effectuées pour le compte de ses clients ; à cet effet, il doit avoir au moins un livre-journal, un registre des frais d'actes, un grand-livre et un livre de dépôt de titres et valeurs, conformes à un modèle arrêté par le Garde des sceaux » ;

Avons arrêté ce qui suit :

ARTICLE 1.

Le *livre-journal* ou livre de caisse sera divisé en huit colonnes indiquant :

La première, le numéro d'ordre.

Les notaires devront n'avoir qu'une série de numéros, depuis le commencement de leur exercice.

La deuxième, le numéro du folio du grand-livre où la somme est reportée.

La troisième, la date de la recette ou de la dépense.

La quatrième, les noms et demeures des parties, la cause de la recette ou de la dépense.

La cinquième et la sixième, les recettes et dépenses d'étude.

La septième et huitième, les recettes et dépenses faites pour les clients.

Ce registre sera conforme au modèle A ci-après.

Toutefois, les notaires qui voudront avoir une comptabilité plus complète et séparer la comptabilité d'étude de la comptabilité des clients sont autorisés à diviser leur livre-journal et à tenir deux registres, pourvu que chaque registre contienne, avec les recettes et les dépenses qui lui seront applicables, les autres énonciations ci dessus prescrites.

ARTICLE 2.

Le *registre d'étude* ou de *frais d'actes* sera divisé en huit colonnes indiquant :

La première, le numéro d'ordre ;

La deuxième, le numéro du folio du grand-livre où l'article sera reporté ;

La troisième, la date de l'acte ;

La quatrième, les noms et demeure du client débiteur ;
La cinquième, la nature de l'acte et le détail des formalités ;
La sixième, les déboursés divers.
La septième, les honoraires de l'acte ;
La huitième, les totaux.
Ce registre sera conforme au modèle B ci-après.

ARTICLE 3.

Le *grand-livre* de comptes des clients sera divisé en sept colonnes indiquant :
La première, le numéro d'ordre du livre-journal ou du registre d'étude ;
La deuxième, la date de la recette ou de la dépense ;
La troisième, l'indication des causes de la recette ou de la dépense ;
La quatrième et la cinquième, le chiffre de la recette ou de la dépense d'étude ;
La sixième et la septième, le chiffre de la recette ou de la dépense faite pour les clients.
Le nom et la demeure du client seront inscrits en tête de chaque article.
Ce registre sera conforme au modèle C ci-après.
Toutefois, les notaires pourront, comme pour le livre-journal diviser leur grand-livre de comptes en deux registres : grand-livre de l'étude, grand-livre des clients.

ARTICLE 4.

Le *livre de dépôt des titres et valeurs* sera divisé en quatre colonnes indiquant :
La première, le numéro d'ordre ;
La deuxième, la date de l'entrée des titres et valeurs ;
La troisième, le numéro, la nature des titres et leurs numéros.
La quatrième, la sortie des titres et les énonciations diverses relatives à la remise.
Ce livre sera conforme au modèle D ci-après.

ARTICLE 5.

Les modèles ci-après ne sont qu'indicatifs des colonnes et énonciations que doivent contenir les registres, et non du format.

ARTICLE 6.

Le conseiller d'Etat, directeur des affaires civiles et du sceau, est chargé de l'exécution du présent arrêté, qui sera publié au *Journal officiel* et au *Bulletin des lois.*
Fait à Paris, le 15 février 1890.

Signé : THÉVENET.

LIVRE-JOURNAL OU LIVRE DE CAISSE — Modèle **A.**

NUMÉROS		DATES	NOMS ET DEMEURES DES PARTIES	ÉTUDE		FONDS DE CLIENTS	
d'Ordre	du Folio du Grand-Livre		CAUSES DES RECETTES et des DÉPENSES (Art. 4 du décret du 30 janvier 1890)	Recettes	Dépenses	Recettes	Dépenses
1	2	3	4	5	6	7	8

REGISTRE D'ÉTUDE OU DE FRAIS D'ACTES — Modèle **B.**

Mois de

NUMÉROS		DATES	NOMS ET DEMEURES des clients débiteurs	NATURE DES ACTES — Détail des formalités (Art. 5 du décret du 30 janvier 1890)	DÉBOURSÉS	HONORAIRES	TOTAUX
du Livre Journal	de Renvoi au Grand-Livre						
1	2	3	4	5	6	7	8

GRAND-LIVRE

Modèle **C.**

(Nom et demeure du client).

NUMÉRO d'ordre du Livre-Journal ou du REGISTRE d'étude	DATE DE LA RECETTE ou de la DÉPENSE	DÉTAIL DES OPÉRATIONS INDICATION DES CAUSES de la Recette ou de la Dépense (Art. 6 du décret du 30 janvier 1890)	ÉTUDE		FONDS DE CLIENTS	
			Recettes	Dépenses	Recettes	Dépenses
1	2	3	4	5	6	8

LIVRE DE DÉPOT DES TITRES ET DES VALEURS Modèle **D.**

(Nom et demeure du client).

NUMÉROS D'ORDRE	DATE DE L'ENTRÉE des TITRES ET VALEURS	NATURE ET NOMBRE DES TITRES NUMÉROS DES TITRES (Art. 7 du décret du 30 janvier 1890)	SORTIE DES TITRES INDICATIONS RELATIVES A LA REMISE
1	2	3	4

DÉCRET

DU

25 Août 1898

(Décret rectificatif du 31 Décembre 1898)

CONTENANT

LE

TARIF LÉGAL

POUR LA

COUR D'APPEL DE DOUAI

et décret du 29 Décembre 1919 modifiant le décret ci-dessus

DÉCRET

portant fixation, pour le ressort de la Cour d'appel de Douai, du tarif des honoraires, vacations, frais de rôles et de voyages, et autres droits qui peuvent être dus aux notaires à l'occasion des actes de leur ministère.

Le Président de la République française,

Sur le rapport du Garde des Sceaux, Ministre de la Justice et des Cultes ;

Vu la loi du 20 juin 1896, dont l'article 1er est ainsi conçu :

« Il sera dressé, au moyen de règlements d'administration publique, par
» ressort de cour d'appel, le département de la Seine excepté, un tarif des
» honoraires, vacations, frais de rôles et de voyages, et autres droits qui
» peuvent être dus aux notaires à l'occasion des actes de leur ministère » ; (¹)
Le Conseil d'État entendu,

Décrète :

Art. 1.

Les honoraires, vacations, frais de rôles et de voyages, et autres droits qui peuvent être dus aux notaires à l'occasion des actes de leur ministère sont fixés pour le ressort de la cour d'appel de Douai, conformément au tarif ci-annexé.

---

(1) *Loi du 20 juin 1896.* — (Suite de l'art. 1.) Il sera dressé, en la forme indiquée au paragraphe 1er, un tarif spécial pour les notaires du département de la Seine. Ces divers tarifs pourront faire l'objet de décrets successifs.

Art. 2. — Pour les actes qui n'auraient pas été compris dans le tarif, les frais seront, à défaut de règlement amiable entre les notaires et les parties, taxés par le Président du Tribunal de la résidence du notaire.

Art. 3. — Toutes dispositions contraires aux décrets qui seront rendus en exécution de la présente loi seront abrogées à partir de la promulgation de ces décrets.

Art. 2.

L'honoraire tarifié d'un acte comprend l'émolument de tous les soins, conseils, consultations, conférences, examens de pièces, projets et autres travaux relatifs à la rédaction de l'acte.

Art. 3.

Les dispositions du présent tarif ne sont point exclusives des émoluments qui peuvent être réclamés par les notaires, soit pour des travaux autres que la rédaction des actes, soit pour des missions dont ils seraient chargés à titre exceptionnel, et qui n'auraient rien d'incompatible avec la nature et la dignité de leur ministère.

Ces émoluments sont réglés à l'amiable sous le contrôle de la chambre de discipline.

Les notaires ne peuvent percevoir aucun droit de recette et de comptabilité pour l'encaissement et la garde des fonds et des valeurs déposés en conséquence ou pour l'exécution directe d'un acte de vente ou d'emprunt passé dans leur étude.

Art. 4.

Il est interdit aux notaires sous peine de restitution et de poursuites disciplinaires, s'il y a lieu, d'exiger des droits et honoraires plus élevés que ceux portés au tarif.

Les notaires peuvent faire remise de la totalité des honoraires d'un acte ; ils ne peuvent en accorder la remise partielle qu'avec l'autorisation de la chambre de discipline.

Art. 5.

Aucun honoraire n'est dû pour l'acte, la copie ou l'extrait déclarés nuls par la faute du notaire.

Art. 6.

Lorsqu'un acte contient plusieurs conventions dérivant ou dépendant les unes des autres, il n'est perçu d'honoraires que sur la convention principale.

Si les conventions sont indépendantes et donnent lieu à des droits distincts d'enregistrement, l'honoraire est dû pour chacune d'elles.

Art. 7.

Les actes dressés sur projets présentés par les parties donnent droit aux mêmes honoraires que s'ils sont rédigés par le notaire lui-même.

Art. 8.

Les notaires doivent réclamer la consignation des frais qu'ils auront à débourser pour les actes qu'ils sont chargés de dresser.

Art. 9.

Avant tout réglement, le client peut réclamer le compte détaillé des sommes dont il est débiteur.

Ce compte est établi sur deux colonnes : l'une destinée aux déboursés et l'autre aux honoraires. Il n'est délivré qu'une fois.

Art. 10.

Le concours d'un second notaire à un même acte n'en augmente pas l'honoraire. Toutefois, si l'acte est rétribué par vacation, il est dû des vacations à chaque notaire instrumentant.

Art. 11.

Il est interdit aux notaires de partager leurs honoraires avec un tiers.

Entre notaires, si le règlement intérieur de la Compagnie n'en dispose autrement, le partage se fait de la manière suivante : le notaire qui garde la minute a droit à la moitié de l'honoraire et le notaire en second à l'autre moitié ; les droits de rôles appartiennent exclusivement au notaire détenteur de la minute.

Art. 12.

Le notaire, constitué dépositaire des minutes d'une étude vacante par décès, a droit à la moitié de tous les honoraires d'actes ou d'expéditions. L'autre moitié revient aux représentants du notaire décédé, qui sont tenus de supporter les frais d'étude.

En cas de démission, suspension ou destitution, le notaire commis a droit à tous les produits nets de l'office.

Art. 13.

Il est alloué aux notaires, suivant la nature des actes compris dans le tarif, des honoraires fixes ou gradués, des honoraires proportionnels, des vacations ou des honoraires par rôles de minute.

En outre il leur est alloué des droits de rôles pour les expéditions qui leur sont réclamées.

Art. 14.

L'honoraire proportionnel est perçu sur le capital exprimé dans les actes. Lorsqu'il porte sur des sommes excédant cent francs, le calcul se fait sans fraction et par somme ronde de vingt francs en vingt francs.

Art. 15.

Dans les contrats ayant pour objet des prestations en nature, l'honoraire est calculé d'après l'évaluation faite pour la perception du droit d'enregistrement.

	Article 5 du décret du 29 décembre 1919
Lorsque la valeur de l'immeuble n'est pas exprimée dans l'acte, elle est obtenue en multipliant le revenu annuel par vingt-cinq pour les immeubles ruraux, et par vingt pour les immeubles urbains *(Modifié art. 5 du décret du 29 décembre 1919).*	*Lorsque la valeur d'un immeuble n'est pas exprimée dans l'acte, au lieu de percevoir l'honoraire sur le capital obtenu en multipliant le revenu par 25 pour les immeubles ruraux et par 20 pour les immeubles urbains, le notaire perçoit l'honoraire sur la valeur vénale déclarée par les parties.*

Art. 16.

L'usufruit et la nue propriété sont évalués à la moitié de la toute-propriété.

Toutefois, la donation avec réserve d'usufruit au profit du donateur donne droit à la perception du même honoraire que celle qui porte sur la toute propriété (1).

----

(1) Les dispositions de la loi fiscale pour les évaluations d'usufruit ne s'appliquent que dans un sens restreint et ne modifient pas l'évaluation d'usufruit fixée par le tarif des honoraires (circulaire de la chambre du 26 juin 1903).

Art. 17.

L'honoraire perçu en matière de testament, ou de dispositions dont l'exécution est subordonnée au décès, se calcule sur l'actif net que reçoit le bénéficiaire.

Si celui-ci a droit à une réserve, il n'est rien dû sur ce qu'il recueille à ce titre (1).

Art. 18.

L'honoraire n'est perçu qu'une fois sur les valeurs qui figurent dans plusieurs opérations successives comprises dans un même acte de liquidation.

Art. 19.

	Article 3 du décret du 29 décembre 1919
Pour les actes relatifs à des biens ou droits dont la valeur n'excède pas cinq cents francs, quelle que soit la longueur de l'expédition, le notaire ne peut avoir droit qu'à l'émolument de deux rôles. *(Voir modification ci-contre).*	*Quelle que soit la longueur de l'expédition, le notaire ne peut avoir droit qu'à l'émolument de deux rôles pour les actes relatifs à des biens ou droits dont la valeur n'excède pas mille francs.*

Art. 20.

	Article 2 du décret du 29 décembre 1919
Il est alloué aux notaires, par vacation de trois heures, 8 francs au chef-lieu de la Cour d'appel et dans les villes dont la population excède trente mille âmes ; 6 francs partout ailleurs. *(Paragraphe modifié ci-contre).*	*Il est alloué à tous les notaires, par vacation de trois heures, 12 francs, sans distinction de classe ni de résidence.*

La première vacation commencée est due en entier. Les autres se payent en proportion du temps écoulé.

---

(1) Les honoraires afférents à des legs particuliers doivent être calculés sur chaque legs séparément, et les honoraires des testaments doivent être calculés sur la part recueillie par chaque légataire universel, en conformité de l'article 17 ci-dessus (Décision de la chambre transmise le 2 juillet 1903).

Les actes rétribués par vacations constatent l'heure du commencement et celle de la fin des opérations, ainsi que les interruptions. Dans le cas où il est dû des frais de voyages, le temps employé au voyage ne compte pas dans le calcul des vacations.

Art. 21.

L'honoraire par rôle de minute est de 5 francs par rôle de trente-cinq lignes à la page et de vingt syllabes à la ligne. (*Honoraire porté à 6 fr. 25, art. 7 du décret du 29 décembre 1919.*)

Toutefois, pour les cahiers des charges de vente judiciaire, il est seulement de 3 francs par rôle. (*Honoraire porté à 3 fr. 75, art. 9 du décret du 29 décembre 1919*).

Les honoraires par rôle de copie, de vingt-cinq lignes à la page et de quinze syllabes à la ligne, sont fixés : (*Paragraphe modifié ci-contre*).

A 3 francs pour les expéditions et les grosses au chef-lieu de la Cour d'appel et dans les villes dont la population excède trente mille âmes, à 2 francs partout ailleurs ; (*Paragraphe modifié ci-contre*).

A 3 francs pour les extraits analytiques (*Paragraphe modifié ci-contre*).

A 0 fr. 75 pour les expéditions dont le coût est à la charge de l'État, des établissements de bienfaisance et d'assistance et des bénéficiaires de la loi sur les habitations à bon marché ;

Et à 0 fr. 50 pour les expéditions dont le coût est à la charge de l'Administration de l'Enregistrement.

Les copies collationnés donnent lieu à un droit fixe de 5 francs en sus des droits de rôles.

Article 3 du décret du 29 décembre 1919

Les honoraires par rôle de copie ou d'extrait analytique sont fixés, pour tous les notaires, à 4 francs, sans distinction de classe ni de résidence.

Il n'est pas dérogé aux dispositions des paragraphes 6, 7 et 8 de l'article 21 des décrets ci-dessus visés du 25 août 1898 relatives aux expéditions dont le coût est à la charge de l'État, des établissements de bienfaisance et d'assistance, des bénéficiaires de la loi sur les habitations à bon marché, et de l'Administration de l'Enregistrement, ainsi qu'aux copies collationnées.

Le rôle commencé est dû en entier, s'il est seul ; par fraction non inférieur à la moitié, s'il y a plusieurs rôles.

Art. 22. (*Voir modifications ci-contre*)

Lorsque le notaire est obligé de se transporter dans une localité éloignée de plus de 2 kilomètres de sa résidence, il perçoit pour frais de voyage par kilomètre parcouru, en allant et en revenant :

1º 0 fr. 20 si le transport a été effectué en chemin de fer ;

2º 0 fr. 40 si le transport a lieu autrement.

Si le déplacement exige plus d'une journée, il est alloué, en outre, 10 francs par journée.

Article 4 du décret du 29 décembre 1919

Les frais de voyage à percevoir par le notaire qui est obligé de se transporter à plus de deux kilomètres de sa résidence sont fixés par kilomètre parcouru en allant ou en revenant :

1º À 0 fr. 20 si le transport a été effectué par voie ferrée ;

2º À 0 fr. 60 si le transport a lieu autrement.

Si le déplacement exige plus d'une journée, il est alloué en outre 20 francs par journée.

Tout voyage requis la nuit est payé double.

Il n'est alloué qu'un seul droit de transport pour la totalité des actes que le notaire aura faits dans un même déplacement.

Art. 23.

Tous actes, quelle que soit leur nature, ayant pour objet le mariage des indigents, le retrait de leurs enfants des hospices et la reconnaissance de leurs enfants naturels, sont reçus gratuitement par les notaires sur la

Nota. — Les rôles sur papier spécial pour la transcription hypothécaire sont réglés à raison de : 1 fr. 65 pour le premier rôle contenant 36 lignes à la première page, 45 lignes à la deuxième et 12 syllabes à la ligne et 2 fr. 70 pour les rôles suivants contenant 45 lignes à la page et 18 syllabes à la ligne.
Décret du 26 décembre 1921.

production par les parties intéressées du certificat prévu par l'article 6 de la loi du 10 septembre 1850. (¹)

La gratuité s'applique même aux frais de voyages.

Il en est de même des actes reçus dans l'intérêt des personnes qui ont obtenu le bénéfice de l'assistance judiciaire, lorsqu'ils sont passés à l'occasion ou en exécution des instances dans lesquelles elles ont figuré, mais seulement dans le cas où ils doivent être visés pour timbre et enregistrés en débet.

Lorsqu'il s'agit des actes compris au paragraphe précédent, les honoraires des notaires peuvent être recouvrés ultérieurement dans les conditions et les formes prévues par la loi du 22 janvier 1851. (²)

ART. 24.

Les notaires doivent tenir dans leur étude, à la disposition de toute personne qui en fera la demande, un exemplaire du tarif fixant leurs honoraires.

---

(1) *Loi du 10 décembre 1850, (indiquée par erreur du 10 septembre 1850) ayant pour objet de faciliter le mariage des indigents, la légitimation de leurs enfants naturels et le retrait de ces enfants déposés dans les hospices.*

Art. 6. — Seront admises au bénéfice de la loi les personnes qui justifieront d'un certificat d'indigence, à elles délivré par le commissaire de police ou par le maire dans les communes où il n'existe pas de commissaire de police, sur le vu d'un extrait du rôle des contributions constatant que les parties intéressées paient moins de 10 francs, ou d'un certificat du percepteur de leur commune portant qu'elles ne sont pas imposées. Le certificat d'indigence sera visé et approuvé par le juge de paix du canton. Il sera fait mention dans le visa de l'extrait des rôles ou du certificat négatif du percepteur.

(2) *Loi du 22 janvier 1851 sur l'assistance judiciaire.* Art. 14 §§ 1 et 2. — L'assisté est dispensé provisoirement du paiement des sommes dues au trésor pour droits de timbre, d'enregistrement et de greffe ainsi que de toute consignation d'amende. Il est aussi dispensé provisoirement du paiement des sommes dues aux greffiers, aux officiers ministériels et aux avocats pour droits, émoluments et honoraires.

Art. 17. — En cas de condamnation aux dépens prononcée contre l'adversaire de l'assisté la taxe comprend tous les droits, frais de toute nature, honoraires et émoluments auxquels l'assisté aurait été tenu s'il n'y avait pas eu assistance judiciaire.

Art. 18, §§ 1, 3 et 4. — Dans le cas prévu par l'article précédent la condamnation est prononcée et l'exécutoire est délivré au nom de l'administration de l'enregistrement et des domaines qui en poursuit le recouvrement comme en matière d'enregistrement. L'administration de l'enregistrement et des domaines fait immédiatement aux divers ayant-droit la distribution des sommes recouvrées. La créance du trésor, pour les avances qu'il a faites, ainsi que pour tout droit de greffe, d'enregistrement ou de timbre, a la préférence sur celle des autres ayant-droit.

Art. 24. — Le retrait de l'assistance judiciaire a pour effet de rendre immédiatement exigibles les droits, honoraires, émoluments et avances de toute nature dont l'assisté avait été dispensé. Dans tous les cas où l'assistance judiciaire est retirée, le secrétaire du bureau est tenu d'en informer immédiatement le receveur de l'enregistrement qui procédera au recouvrement et à la répartition suivant les règles tracées en l'article 18 ci-dessus.

Art. 25.

Le Garde des Sceaux, Ministre de la Justice et des Cultes, est chargé de l'exécution du présent décret, qui sera publié au *Journal officiel* et inséré au *Bulletin des lois*.

Fait au Havre, le 25 août 1898.

Le Président de la République française,
FÉLIX FAURE.

Le Garde des Sceaux,
Ministre de la Justice et des Cultes,
F. SARRIEN.

DÉCRET DU 29 DÉCEMBRE 1919

modifiant le décret ci-dessus.

ARTICLE 1.

Les décrets du 25 août 1898, portant fixation pour les ressorts des cours d'appel d'Agen, Aix, Amiens, Angers, Bastia, Besançon, Bordeaux, Bourges, Caen, Chambéry, Dijon, Douai, Grenoble, Limoges, Lyon, Montpellier, Nancy, Nimes, Orléans, Pau, Paris (le département de la Seine excepté), Poitiers, Rennes, Riom, Rouen et Toulouse du tarif des honoraires, vacations frais de rôles et de voyages et autres droits qui peuvent être dus aux notaires à l'occasion des actes de leur ministère, sont modifiés ainsi qu'il suit :

ARTICLE 2.

Il est alloué à tous les notaires, par vacation de trois heures, 12 francs, sans distinction de classe ni de résidence.

ARTICLE 3.

Les honoraires par rôle de copie ou d'extrait analytique sont fixés, pour tous les notaires, à 4 francs, sans distinction de classe ni de résidence.

Il n'est pas dérogé aux dispositions des paragraphes 6, 7 et 8 de l'article 21 des décrets ci-dessus visés du 25 août 1898 relatives aux expéditions dont le coût est à la charge de l'État, des établissements de bienfaisance et d'assistance, des bénéficiaires de la loi sur les habitations à bon marché et de l'administration de l'enregistrement ainsi qu'aux copies collationnées.

Quelle que soit la longueur de l'expédition le notaire ne peut avoir droit qu'à l'émolument de deux rôles pour les actes relatifs à des biens ou droits dont la valeur n'excède pas 1.000 francs.

ARTICLE 4.

Les frais de voyage à percevoir par le notaire qui est obligé de se transporter à plus de deux kilomètres de sa résidence sont fixés par kilomètre parcouru en allant ou en revenant :

1° A 20 centimes si le transport a été effectué par voie ferrée.

2° A 60 centimes si le transport a lieu autrement.

Si le déplacement exige plus d'une journée il est alloué, en outre, 20 francs par journée.

Article 5.

Lorsque la valeur d'un immeuble n'est pas exprimée, dans l'acte, au lieu de percevoir l'honoraire sur le capital obtenu en multipliant le revenu par 25 pour les immeubles ruraux et par 20 pour les immeubles urbains, le notaire perçoit l'honoraire sur la valeur vénale déclarée par les parties.

Article 6.

L'honoraire minimum des actes soumis à un honoraire proportionnel est doublé.

Article 7.

Le tarif de déclaration de succession est fixé ainsi qu'il suit :
S'il y a liquidation faite ou en cours 10 centimes %.

En cas contraire :
25 centimes p. 100 de 1. à 100.000 francs,
15 centimes p. 100 de 100.000 à 500.000 francs,
10 centimes p. 100, au-dessus
sur l'ensemble des biens et valeurs énoncés dans la déclaration de succession.

Si la liquidation intervient postérieurement à la déclaration de succession. le tarif de cette déclaration est réduit à 10 centimes p. 100 et l'excédent d'honoraire qui aurait été perçu est imputé sur l'honoraire de liquidation.

Article 8.

Les notaires commis pour les adjudications judiciaires d'immeubles ont droit sur le prix des biens vendus, et sous réserve de l'application de la loi du 23 octobre 1884, aux *trois quarts* des honoraires proportionnels prévus par l'article 29 n° 2 du décret portant fixation du tarif des frais et dépens en ce qui concerne les avoués.

Article 9.

Tous les honoraires alloués aux notaires par les décrets ci-dessus visés du 25 août 1898 honoraires fixes ou gradués, honoraires par rôles de minute, et honoraires proportionnels sont majorés de 25 % à l'exception des honoraires mentionnés aux articles qui précèdent et des honoraires fixés par la loi du 18 juin 1843.

Article 10.

Le garde des sceaux, ministre de la Justice est chargé de l'exécution du présent décret qui sera publié au Journal officiel et inséré au Bulletin des lois.

Fait à Paris le 29 décembre 1919.

R. POINCARÉ.

TARIF

résultant des décrets des 25 août 1898 et 29 décembre 1919

Nota : *les modifications du dernier décret sont en italiques.*

Abandon de biens par un héritier bénéficiaire. (Art. 802, C. C. (1))	Moitié des honoraires perçus en matière de vente. Minimum : 5 francs (*Porté à 10 francs*).
Abandon des biens d'une substitution. (Art. 1053, C. C. (2))	A titre onéreux : Honoraires comme en matière de vente. A titre gratuit : Moitié des honoraires perçus en matière de donation. Minimum : 6 francs. (*Porté à 12 francs*).
Abandon d'immeubles grevés de servitude. (Art. 699, C. C. (3))	Unilatéral : 6 francs. (*Porté à 7 fr. 50*). Conventionnel : Honoraires comme en matière de vente. Minimum : 5 francs. (*Porté à 10 francs*).
Abandon de la quotité disponible. (Art. 917, C. C. (4)) (Par acte séparé).	Unilatéral : 6 francs. (*Porté à 7 fr. 50*). Accepté : Honoraire comme en matière de délivrance de legs.

---

(1) *C. C. Art. 802.* — L'effet du bénéfice d'inventaire est de donner à l'héritier l'avantage : 1° de n'être tenu du paiement des dettes de la succession que jusqu'à concurrence de la valeur des biens qu'il a recueillis, même de pouvoir se décharger du paiement des dettes en abandonnant tous les biens de la succession aux créanciers et aux légataires ; 2° de ne pas confondre ses biens personnels avec ceux de la succession et de conserver contre elle le paiement de ses créances.

(2) *C. C. Art. 1053.* — Les droits des appelés seront ouverts à l'époque où, par quelque cause que ce soit, la jouissance de l'enfant du frère ou de la sœur grevés de restitution cessera : l'abandon anticipé de la jouissance au profit des appelés, ne pourra préjudicier aux créanciers du grevé antérieurs à l'abandon.

(3) *C. C. Art. 699.* — Dans le cas même où le propriétaire du fonds assujetti est chargé par le titre de faire à ses frais les ouvrages nécessaires pour l'usage ou la conservation de la servitude, il peut toujours s'affranchir de la charge en abandonnant le fonds assujetti au propriétaire auquel la servitude est due.

(4) *C. C. Art. 917.* — Si la disposition par acte entre-vifs ou par testament est d'un usufruit ou d'une rente viagère dont la valeur excède la quotité disponible, les héritiers au profit desquels la loi fait une réserve auront l'option, ou d'exécuter cette disposition ou de faire l'abandon de la propriété de la quotité disponible.

Acceptation d'abandon. (Par acte séparé).	4 francs en brevet. (*Porté à 5 francs*). 6 francs en minute. (*Porté à 7 fr. 50*). Et en plus 2 francs par chaque créancier intervenant dans le même acte, en sus du premier. (*Porté à 2 fr. 50*).
Acceptation de cession, de communauté, de délégation, de legs, de nantissement, de succession et toutes les acceptations autres que celles qui seront nommément tarifées. (Par acte séparé).	4 francs en brevet. (*Porté à 5 francs*). 6 francs en minute. (*Porté à 7 fr. 50*).
Acceptation de lettre de change ou autre valeur commerciale.	4 francs. (*Porté à 5 francs*).
Acceptation d'emploi. (Par acte séparé).	A. Lorsque l'emploi ou le remploi a été fait au moyen d'un achat ou d'un placement ayant donné lieu à un honoraire proportionnel dans l'étude : 6 francs. (*Porté à 7 fr. 50*). B. Dans le cas contraire : 0.25 p. %. (*Majoration du quart*). Minimum : 5 francs. (*Porté à 10 francs*).
Acquiescement pur et simple. (Par acte séparé).	4 francs en brevet. (*Porté à 5 francs*). 6 francs en minute. (*Porté à 7 fr. 50*). Et en plus 2 francs par chaque partie, en sus de la première, ayant un intérêt distinct et intervenant dans l'acte. (*Porté à 2 fr. 50*).
Acte complémentaire, interprétatif, rectificatif.	Honoraires par rôles de minutes.
Acte imparfait.	Honoraires par rôles de minute.
Acte respectueux.	Réquisition : 8 francs. (*Porté à 10 francs*). Notification : 16 francs (*Porté à 20 francs*). Non compris les rôles de copies.

Adhésion pure et simple. (Par acte séparé).		4 francs en brevet. (*Porté à 5 francs*). 6 francs en minute. (*Porté à 7 fr. 50*). Et en plus 2 francs par chaque partie, en sus de la première, ayant un intérêt distinct et intervenant dans l'acte. (*Porté à 2 fr. 50*).
Adoption testamentaire (au décès de l'adoptant (1).	Si le testament est authentique ou mystique	1 p. %de 1 à 50.000 francs. (*Majoration du quart*). 0.50 p. % de 50.000 à 100.000 francs. (*Majoration du quart*). 0.25 p. % Au-dessus. (*Majoration du quart*). Sans préjudice du droit de rédaction du testament
	Si le testament est olographe.	Moitié des honoraires ci-dessus. Minimum : 6 francs. (*Porté à 12 francs*).
Affectation hypothécaire.	Par acte séparé	6 francs. (*Porté à 7 fr. 50*), si l'acte primitif est en l'étude ; au cas contraire, moitié de l'honoraire de l'acte principal sans pouvoir dépasser 0.25 p. % pour les baux et 0.50 p. % pour les autres actes. (*Majoration du quart*).
	Par un tiers dans l'acte principal	Moitié des honoraires ci-dessus. Minimum : 6 francs. (*Porté à 12 francs*).
Affiches et insertions.		Affiches manuscrites : 0 fr. 50 par affiche. (*Porté à 0 fr. 625*). Affiches imprimées : 6 francs pour droit de rédaction. (*Porté à 7 fr. 50*). Insertion dans les journaux : 6 francs pour rédaction. (*Porté à 7 fr. 50*).
Affrètement		0.25 p. %. (*Majoration du quart*). Minimum : 4 francs. (*Porté à 8 francs*).
Ampliation. (Art. 844. Pr. civ.(2))		8 francs. (*Porté à 10 francs*).

---

(1) *Ce mode d'adoption a été supprimé par la loi du 19 juin 1923 ; mais le tarif reste applicable aux adoptions testamentaires antérieures à la loi.*

(2) *Art. 844 pr. civ.* — La partie qui voudra se faire délivrer une seconde grosse, soit d'une minute d'acte, soit par forme d'ampliation sur une grosse déposée, présentera, à cet effet, requête au président du tribunal de première instance ; en vertu de l'ordonnance qui interviendra, elle fera sommation au notaire pour faire la délivrance à jour et heure indiqués, et aux parties intéressées pour y être présentes ; mention sera faite de cette ordonnance au bas de la seconde grosse, ainsi que de la somme pour laquelle on pourra exécuter si la créance est acquittée ou cédée en partie.

Antériorité. (Consentement à).	0.25 p. % sur la somme profitant d'une façon effective de l'antériorité. (*Majoration du quart*). Minimum : 6 francs. (*Porté à 12 francs*).
Antichrèse. (Par acte séparé).	Honoraires comme en matière d'affectation hypothécaire.
Apprentissage. (Loi du 22 février 1851 (1).	2 francs. (*Porté à 2 fr. 50*).
Arbitres et experts (Nomination d').	Honoraires par rôles de minute.
Assurance (Contrat d').	0.10 p. %, sur le montant de la valeur assurée. (*Majoration du quart*). Minimum : 6 francs. (*Porté à 12 francs*).
Autorisation.	4 francs en brevet. (*Porté à 5 francs*). 6 francs en minute. (*Porté à 7 fr. 50*). pour faire le commerce. { 6 francs en brevet. (*Porté à 7 fr. 50*). 8 francs en minute. (*Porté à 10 francs*). }
Aval.	0.25 p. %. (*Majoration du quart*). Minimum : 2 francs. (*Porté à 4 francs.*)

---

(1) *Loi du 22 février 1851 (art. 1, 3, 4, 5, 6).* — *Art. 1.* Le contrat d'apprentissage est celui par lequel un fabricant, un chef d'atelier, ou un ouvrier s'oblige à enseigner la pratique de sa profession à une autre personne qui s'oblige en retour, à travailler pour lui ; le tout à des conditions et pendant un temps convenus.

Art. 3. — L'acte d'apprentissage contiendra : 1° les noms, prénoms, âge, profession et domicile du maître ; 2° les noms, prénoms, âge et domicile de l'apprenti ; 3° les noms, prénoms, professions et domicile de ses père et mère, de son tuteur ou de la personne autorisée par les parents, et, à leur défaut, par le juge de paix ; 4° la date et la durée du contrat ; 5° les conditions de logement, de nourriture, de prix et toutes autres arrêtées entre les parties. Il devra être signé par le maître et par les représentants de l'apprenti.

Art. 4. — Nul ne peut recevoir des apprentis mineurs s'il n'est âgé de 21 ans au moins.

Art. 5. — Aucun maître, s'il est célibataire ou en état de veuvage, ne peut loger, comme apprenties, des filles mineures.

Art. 6. — Sont incapables de recevoir des apprentis : Les individus qui ont subi une condamnation pour crime ; ceux qui ont été condamnés pour attentat aux mœurs, à plus de trois ans d'emprisonnement pour les délits prévus par les articles 388, 401, 405, 406, 407, 408, 423 du code pénal.

Bail.	**I.** Bail de gré à gré. Minimum : 4 francs. *(Porté à 8 francs)*	**A.** A ferme, à loyer, à nourriture, à pâturage.	0.25 p. 0/0 sur le prix total des années du bail, augmenté des charges. (*Majoration du quart*)
		B. A colonage.	0.25 p. 0/0 sur l'évaluation de la part totale des fruits revenant au propriétaire. (*Majoration du quart*).
		C. A cheptel.	0.25 p. 0/0 sur l'évaluation de la part totale du croît revenant au propriétaire. (*Majoration du quart*).
		D. A vie.	0.25 p. 0/0 sur le capital formé de dix fois la redevance annuelle. (*Majoration du quart*).
		E Emphytéotique.	1 p. 0/0 sur le capital formé de vingt fois la redevance annuelle. (*Majoration du quart*).
	II. Bail par adjudication Minimum : 8 francs. *(Porté à 16 francs)*		0.50 p. 0/0. (*Majoration du quart*). Emphytéotique : 2 p. 0/0 sur le capital formé de vingt fois la redevance annuelle. (Cahier des charges compris). (*Majoration du quart*).
(1)	**III.** Louage d'ouvrage et d'industrie.		0.25 p. 0/0. (*Majoration du quart*). Minimum : 4 francs. (*Porté à 8 francs*).

Billet simple, à ordre, au porteur.	0.50 p. %. (*Majoration du quart*). Minimum : 3 francs. (*Porté à 6 francs*).

---

(1) *Bien de famille (Constitution de) Le décret du 26 mars 1910 alloue aux notaires (frais et déboursés non compris).*

1° Pour l'acte particulier contenant la déclaration de constitution, à titre d'honoraires ; 0 fr. 50 % jusqu'à 2.000 francs et 0 fr. 25 % pour l'excédent au-dessus de 2.000 francs.

2° Pour constitution par donation ou testament, ainsi que pour l'acte complémentaire du testament, les honoraires du tarif légal.

3° Pour la transcription de l'acte de constitution, les honoraires du tarif légal.

4° Pour la déclaration d'opposition 1 franc.

5° Pour toutes communications par lettres et plis d'affaire recommandés 0 fr. 50.

Bordereau d'inscription (Rédaction de).	0.10 p. %. *(Majoration du quart).* Minimum : 4 francs. *(Porté à 8 francs).*	Si l'hypothèque doit être inscrite dans plusieurs arrondissements : 4 francs par bureau en sus du premier. *(Porté à 5 francs).*
Bordereau en renouvellement d'inscription.	0.10 p. %. *(Majoration du quart).* Minimum : 4 francs. *(Porté à 8 francs).*	

Bornage (Procès-verbal de)	Honoraires par rôles de minute.	

Cahier des charges	I. Pour vente immobilière.	Honoraires par rôle de minute : de 3 francs, si la vente est judiciaire. *(Porté à 3 fr. 75).* de 5 francs, si la vente est volontaire. *(Porté à 6 fr. 25).* Dans ce dernier cas, l'honoraire n'est dû que si la tentative d'adjudication reste sans effet.
	II. Pour vente mobilière.	Honoraires de 5 francs par rôle de minute. *(Porté à 6 fr. 25).* L'honoraire n'est dû que dans le cas où il n'y a pas d'adjudication.

Carence (Procès-verbal de)	Honoraires par vacations.	

Cautionnement.	I. Par acte séparé.	Moitié de l'honoraire de l'acte principal, sans pouvoir excéder 0.25 p. % pour les baux et 0.50 p. % pour les autres actes. *(Majoration du quart).* Minimum : 5 francs. *(Porté à 10 francs).*
	II. Dans l'acte contenant l'engagement principal.	Un quart de l'honoraire de l'acte principal, sans pouvoir excéder 0.25 p. %. *(Majoration du quart).* Minimum : 4 francs. *(Porté à 8 francs).*

Certificat de caution (Par acte séparé).	6 francs en brevet. *(Porté à 7 fr. 50).* 8 francs en minute. *(Porté à 10 francs).*

Certificat de propriété	A. Lorsqu'il est pour délivré l'exécution d'un acte contenant partage ou mutation de propriété, sur lequel un honoraire proportionnel a été perçu dans la même étudo : 4 francs. *(Porté à 5 francs).* B. Au cas contraire : 0.25 %. *(Majoration du quart).* Minimum 6 francs. *(Porté à 12 francs).*

Certificat de vie.	A. Pour ceux délivrés dans la forme des actes notariés.	3 francs. (*Porté à 3 fr. 75*).
	B. Pour tous autres certificats	Tarif de l'ordonnance du 6 juin 1839 (1) ; des décrets des 9 novembre 1853 (2) ; et 2 août 1860. (3)
Cession de bail.	Honoraires comme en matière de bail, sur les années restant à courir.	
Cession de biens par un débiteur à ses créanciers. (Art. 1265 et suiv., C. C. (4))	Avec mutation de propriété.	Honoraires comme en matière de vente, sur la valeur des biens abandonnés.
	Sans mutation de propriété	Moitié des honoraires ci-dessus.
	Minimum : 5 francs. (*Porté à 10 francs*).	
Codicille.	Honoraires comme en matière de testament.	
Communauté d'habitation ou de travail (Acte de).	Sans apports : 6 francs. (*Porté à 7 fr. 50*). Avec apports : Honoraires comme pour acte de société. Minimum : 5 francs (*Porté à 10 francs*).	
Compensation.	Honoraires comme en matière de quittance, sur la somme compensée.	

---

(1) *Ordonnance du 6 juin 1839. Art. 1.* — L'article 1er du décret impérial du 21 août 1806 est abrogé. Tous les notaires du Royaume, indistinctement, sont autorisés à délivrer les certificats de vie nécessaires pour le paiement des rentes viagères et pensions sur l'État.

(2) *Décret du 9 novembre 1853. Art. 46.* — Tout titulaire d'une pension inscrite au Trésor doit produire pour le paiement un certificat de vie délivré par un notaire conformément à l'ordonnance du 6 juin 1839, lequel certificat contient en exécution des articles 14 et 15 de la loi du 15 mai 1818 la déclaration relative au cumul. La rétribution fixée par le décret du 21 août 1806 et l'ordonnance du 20 juin 1817 pour la délivrance des certificats de vie est modifiée ainsi qu'il suit :

Pour chaque trimestre à percevoir : de 601 fr. et au-dessus: 0 fr. 50 ; de 600 à 301 fr. : 0 fr. 35 ; de 300 à 101 fr. : 0 fr. 25 ; de 100 à 50 fr. : 0 fr. 20 ; et au dessous de 50 fr. : 0,00.

(3) *Décret du 2 août 1860. Art. 3.* — Les certificats de vie nécessaires pour toucher les traitements de la Légion d'honneur et de la médaille militaire devront lorsque le titulaire n'appartiendra plus aux armées de terre ou de mer être délivrés par les notaires. La rétribution pour la délivrance des certificats de vie est fixée ainsi qu'il suit :

Pour chaque semestre à percevoir : (même tarif que celui fixé pour chaque trimestre dans la note précédente).

(4) *C. C. Art. 1265.* — La cession de biens est l'abandon qu'un débiteur fait de tous ses biens à ses créanciers, lorsqu'il se trouve hors d'état de payer ses dettes.

Art. 1266. — La cession de biens est volontaire ou judiciaire.

Art. 1267. — La cession de biens volontaire est celle que les créanciers acceptent volontairement, et qui n'a d'effet que celui résultant des stipulations mêmes du contrat passé entre eux et le débiteur.

Compromis. | Honoraires par rôles de minute.

Compte d'administration légale, d'antichrèse, de bénéfice d'inventaire, de copropriété, d'exécution testamentaire, de gestion, de mandat, de séquestre.

1 p. % de 1 à 10.000 francs. (*Majoration du quart*).
0.50 p. % de 10.000 à 100.000 francs. (*Majoration du quart*).
0.25 p. % au-dessus. (*Majoration du quart*).
Sur le chapitre le plus élevé en recettes ou en dépenses.
Minimum : 10 francs. (*Porté à 20 francs*).

Compte de tutelle.

Mêmes honoraires que ci-dessus.

S'il y a liquidation préalable dans le même acte, il est perçu, en outre, l'honoraire de liquidation sur la part revenant à l'oyant compte, sans toutefois que l'honoraire puisse être cumulé en ce qui touche les valeurs figurant à la fois dans la liquidation et dans le compte.

Minimum : 10 francs. (*Porté à 20 francs*).

Récépissé de compte (par acte séparé) : 6 francs. (*Porté à 7 fr. 50*).

Arrêté de compte : 6 francs, sous réserve du cas où il y a lieu à honoraire proportionnel, à raison des conventions que renferme l'acte. (*Porté à 7 fr. 50 sous même réserve*).

Compulsoire. | Honoraires par vacations.

Congé.

d'acquit,
de bail.

4 francs en brevet. (*Porté à 5 francs*).
6 francs en minute. (*Porté à 7 fr. 50*).

Consentement à adoption, à entrer dans les ordres, à mariage, à tutelle officieuse.

4 francs en brevet. (*Porté à 5 francs*).
6 francs en minute. (*Porté à 7 fr. 50*).

Consentement à exécution de testament ou à exécution de donation entre époux.

6 francs. (*Porté à 7 fr. 50*).
Si le consentement vaut délivrance de legs, il est perçu l'honoraire de délivrance.

Consignation à la Caisse des dépôts.		Autres que celles effectuées en vertu du décret du 30 janvier 1890 (1) : 8 francs. (*Porté à 10 francs*).
Constitution de pension alimentaire.	A. En vertu de l'article 205 du Code civil.(2)	0,25 p. %. (*Majoration du quart*). — Sur le capital formé de dix fois la prestation annuelle.
	B. Dans les autres cas.	0,50 p. %. (*Majoration du quart*). Minimum : 5 francs. (*Porté à 10 francs*).
Constitution de rente perpétuelle, de rente viagère.	A titre onéreux.	1 p. % (*Majoration du quart*) sur le capital formé de vingt fois la rente perpétuelle et de dix fois la rente viagère.
	A titre gratuit.	Honoraires comme en matière de donation ou de testament. Minimum : 6 francs. (*Porté à 12 francs*).
Contrat de mariage.	A. Sur les apports cumulés des époux (déduction faite des charges).	0,50 p. % de 1 à 50.000 francs ; 0,25 p. % de 50.000 à 100.000 francs ; 0,125 p. % au-dessus (*le tout majoré du quart*).
	B. Sur les dots (3)	1 p. % de 1 à 10.000 francs ; 0,75 p. % de 10.000 à 50.000 francs ; 0,50 p. % de 50.000 à 100.000 francs ; 0,25 p. % au-dessus (*le tout majoré du quart*).
	C. Donation éventuelle. Institution contractuelle.	6 francs, sans préjudice du droit proportionnel à percevoir au décès, comme en matière de testament. (*Porté à 7 fr. 50*).

D. Promesse d'égalité : 6 francs. (*Porté à 7 fr. 50*).

Minimum du contrat : 15 francs. (*Porté à 30 francs*).

Si le contrat de mariage n'est pas suivi de célébration, l'honoraire est perçu par rôles de minute.

E. Résiliation du contrat de mariage : 8 francs. (*Porté à 10 francs*).

---

(1) *Art. 2 dudit décret* (voir page 21).

(2) *C. C. Art. 205 (L. 9 mars 1891, art. 2*). — Les enfants doivent des aliments à leurs père et mère ou autres ascendants qui sont dans le besoin. La succession de l'époux prédécédé en doit, dansle même cas à l'époux survivant. Le délai pour les réclamer est d'un an à partir du décès, et se prolonge, en cas de

Contre-lettre à contrat de mariage.	Honoraires comme en matière de contrat de mariage. Minimum : 12 francs. (*Porté à 24 francs*).
Contributions (Paiement de) après adjudication de fruits et récoltes	Décret du 5 novembre 1851. (1)
Crédit (Ouverture de)	Avec garantie : Honoraires comme en matière d'obligation. Sans garantie : Moitié des honoraires ci-dessus. Minimum : 5 francs. (*Porté à 10 francs*).
Dation en payement.	Honoraires comme en matière de vente de gré à gré. Minimum : 5 francs. (*Porté à 10 francs*).
Décharge (par acte séparé) de cautionnement, d'exécution testamentaire, de mandat, d'objets mobiliers, de pièces, de solidarité.	4 francs en brevet. (*Porté à 5 francs*). 6 francs en minute. (*Porté à 7 fr. 50*).
Décharge de dépôt de sommes ou valeurs.	0,25 p. % (*Majoration du quart*). Minimum : 4 francs. (*Porté à 8 francs*).

---

partage jusqu'à son achèvement. La pension alimentaire est prélevée sur l'hérédité. Elle est supportée par tous les héritiers et en cas d'insuffisance par tous les légataires particuliers proportionnellement à leur émolument. Toutefois si le défunt à expressément déclaré que tel legs sera acquitté de préférence aux autres il sera fait application de l'article 927 C. C.

Art. 927. — Dans tous les cas où le testateur aura expressément déclaré qu'il entend que tel legs soit acquitté de préférence aux autres, cette préférence aura lieu, et le legs qui en sera l'objet ne sera réduit qu'autant que la valeur des autres ne remplirait pas la réserve légale.

(3) *L'honoraire se perçoit sur les dots prises chacune séparément (circulaire chambre du 30 avril 1903).*

(1) *Décret du 5 novembre 1851. Art. 1.* — Il est alloué, pour tous droits d'honoraires non compris les déboursés, à l'officier public chargé de procéder à une vente volontaire et aux enchères de fruits et récoltes pendants par racines ou de coupes de bois taillis, une remise sur le produit de la vente, qui est fixée à 2 p. 100, jusqu'à 10.000 francs, et à 1/4 p. 100 sur l'excédent, sans distinction entre les ventes faites au comptant et celles faites à terme.

En cas d'adjudication par lots consentie au nom du même vendeur, la remise proportionnelle établie au présent article est calculée sur le prix total des lots réunis.

La remise ne peut, en aucun cas, être inférieure à 6 francs.

Art. 2. — Lorsque l'officier qui a procédé à une vente à terme est chargé d'opérer le recouvrement du prix, il a droit à une remise de 1 p. 100 sur le montant des sommes par lui recouvrées.

Déclaration pure et simple.	Honoraires par rôles de minute.
Déclaration de command.	4 francs jusqu'à 1.000 francs. (*Porté à 5 francs*) ; 8 francs jusqu'à 5.000 francs. (*Porté à 10 francs*) ; 12 francs jusqu'à 10.000 francs. (*Porté à 15 francs*) ; 16 francs au-dessus. (*Porté à 20 francs*).
Déclaration d'emploi (par acte séparé).	Honoraires comme en matière d'acceptation d'emploi.
Déclaration d'apport ou de fortune.	Honoraires par rôles de minute.
Déclaration de grossesse ou de paternité.	10 francs. (*Porté à 12 fr. 50*).
Déclaration d'hypothèque.	6 francs. (*Porté à 7 fr. 50*).
Déclaration de mobilier pour éviter une confusion.	Honoraires par rôles de minute.
Déclaration de privilège de second ordre.	A. Si elle est faite à la suite d'un acte d'emprunt reçu dans l'étude : 8 francs. (*Porté à 10 francs*). B. Dans les autres cas : 0,50 p. %. (*Majoration du quart*). Minimum : 5 francs. (*Porté à 10 francs*).

Art. 3. — S'il est requis expédition ou extrait des procès-verbaux de vente, il est alloué, outre le timbre, 1 fr., pour chaque rôle de vingt-cinq lignes à la page et de quinze syllabes à la ligne.

Art. 4. — Pour versement à la caisse des consignations, paiement des contributions ou assistance aux référés, s'il y a lieu, il est alloué : à Paris, Lyon, Bordeaux, Rouen, Toulouse et Marseille, 4 francs ; partout ailleurs 3 francs.

Art. 5. — Toutes perceptions directes ou indirectes, autres que celles autorisées par le présent règlement, à quelque titre et sous quelques dénomination qu'elles aient lieu, sont formellement interdites.

En cas de contravention l'officier public pourra être suspendu ou destitué, sans préjudice de l'action en répétition de la partie lésée et des peines prononcées par la loi contre la concussion.

Art. 6. — Il est également interdit aux officiers publics de faire aucun abonnement ou modification à raison des droits ci-dessus fixés, si ce n'est avec l'État et les établissements publics.

Toute contravention sera punie d'une suspension de quinze jours à six mois.

En cas de récidive la destitution pourra être prononcée.

Déclaration préalable aux ventes de meubles. } 4 francs. (*Porté à 5 francs*).

Déclaration de succession

Article 7 du décret du 29 déc. 1919

A. S'il y a liquidation faite ou en cours : 0,05 p. %.

B. en cas contraire : 0,15 p. %.

A. *S'il y a liquidation faite ou en cours : 0 fr. 10 %.*

B. *En cas contraire :*
0 fr. 25 % de 1 à 100.000 francs.
0 fr. 15 % de 100.000 à 500.000.
0 fr. 10 % au-dessus.

Sur les biens et valeurs énoncés dans la déclaration de succession.
(État de meubles compris).
Minimum : 4 francs.

Sur l'ensemble des biens et valeurs énoncés dans la déclaration de succession.

Si la liquidation intervient postérieurement à la déclaration de succession, le tarif de cette déclaration est réduit à 0 fr. 10 % et l'excédent d'honoraire qui aurait été perçu est imputé sur l'honoraire de liquidation.

Délégation de créance

A. Parfaite (par acte séparé). } Honoraires comme en matière d'obligation. Minimum : 5 francs. (*Porté à 10 francs*).

B. Imparfaite : 6 francs. (*Porté à 7 fr. 50*).

C. Lorsque la délégation parfaite intervient dans un acte dont elle n'est pas l'objet principal : Moitié des honoraires perçus en matière d'obligation.
Minimum : 5 francs. (*Porté à 10 francs*).

Délivrance de legs

A. Ayant pour objet une somme d'argent ou des valeurs mobilières :
1° Sur l'acte de délivrance avec décharge : 0,50 p. % (*Majoration du quart*).
Sans décharge ni quittance : 0,25 p. % (*Majoration du quart*).
2° Sur la décharge ou quittance ultérieure : 0,25 p. % (*Majoration du quart*).

B. Ayant pour objet des immeubles ou des objets mobiliers, avec ou sans décharge : 0,25 p. %. (*Majoration du quart*).
Minimum : 5 francs. (*Porté à 10 francs*).

Délivrance de seconde grosse (Procès-verbal de). } 8 francs. (*Porté à 10 francs*).
Non compris les rôles de copies.

Dépôt d'actes sous seing privé autres que les testaments olographes.	A. Si le dépôt est fait par toutes les parties avec reconnaissance de leurs écritures, l'honoraire perçu sera celui auquel aurait donné lieu l'acte authentique contenant la convention. B. Dans le cas où le dépôt n'est pas fait par toutes les parties (1) Moitié de l'honoraire précédent.
Dépôt d'extraits de contrat de mariage (Art. 67-68, C. de comm. (2)).	6 francs pour les 4 extraits, non compris le coût des extraits (*Porté à 7 fr. 50*).
Dépôt et insertion en matière de société (Art. 55-56-59 de la loi du 27 juillet 1867 (3)).	I. Dépôt. { 5 francs par localité, non compris le coût de l'expédition. (*Porté à 6 fr. 25*). II. Insertion. { 6 francs pour la rédaction et l'envoi. (*Porté à 7 fr. 50*).
Dépôt de pièces authentiques et autres (Acte de).	Honoraires par rôles de minute.
Dépôt au greffe de procès-verbal de difficultés ou autres actes.	Une vacation.
Dépôt de sommes et valeurs ou objets à un particulier.	Honoraires par rôles de minute.

---

(1) Minimum : 5 francs. (*Décret du 31 décembre 1898*). (*Porté à 10 francs*).

(2) *C. com. art. 67.* — Tout contrat de mariage entre époux dont l'un sera commerçant, sera transmis par extrait dans le mois de sa date, aux greffes et chambres désignés par l'art. 872 du code de procédure civile, pour être exposé au tableau conformément au même article. Cet extrait annoncera si les époux sont mariés en communauté, s'ils sont séparés de biens, ou s'ils ont contracté sous le régime dotal.

Art. 68. — Le notaire qui aura reçu le contrat de mariage sera tenu de faire la remise ordonnée par l'article précédent sous peine de 100 francs d'amende et même de destitution et de responsabilité envers les créanciers, s'il est prouvé que l'omission soit la suite d'une collusion.

(3) *Loi du 24 juillet 1867, art. 55 § 1.* — Dans le mois de la constitution de toute Société commerciale, un double de l'acte constitutif s'il est sous seing privé, ou une expédition s'il est notarié, est déposé au greffe de la justice de paix et du tribunal de commerce du lieu dans lequel est établie la société.

Art. 56, § 1. — Dans le même délai d'un mois, un extrait de l'acte constitutif et des pièces annexées est publié dans l'un des journaux désignés pour recevoir les annonces légales.

Art. 59. — Si la Société a plusieurs maisons de commerce situées dans divers arrondissements, le dépôt prescrit par l'art. 55 et la publication prescrite par l'art. 56 ont lieu dans chacun des arrondissements où existent les maisons de commerce. Dans les villes divisées en plusieurs arrondissements le dépôt sera fait seulement au greffe de la justice de paix du principal établissement.

Désaveu de paternité.	10 francs. (*Porté à 12 fr. 50*).
Désistement d'appel, d'instance, d'hypothèque ou de privilège, de plainte, de réméré, etc.	4 francs en brevet. (*Porté à 5 francs*) ; 6 francs en minute. (*Porté à 7 fr. 50*).
Devis et marchés.	Honoraires comme en matière de vente ou de louage, suivant le cas.
Dispense de notification de contrat, de signification de transport, de congé, etc.	4 francs en brevet. (*Porté à 5 francs*) ; 6 francs en minute. (*Porté à 7 fr. 50*). Et en plus 2 francs par chaque partie, en sus de la première, ayant un intérêt distinct et intervenant dans l'acte. (*Porté à 2 fr. 50*).
Dispense de rapport par le donateur (faite par acte séparé).	12 francs. (*Porté à 15 francs*).
Dissolution de société, d'habitation, et de travail.	6 francs. (*Porté à 7 fr. 50*).
Distribution de deniers par contribution.	1 p. % de 1 à 15.000 francs. (*Majoration du quart*) ; 0.50 p. % de 15.000 à 100.000 francs. (*Majoration du quart*) ; 0.25 p. % au-dessus. (*Majoration du quart*). Sur l'actif brut. Minimum : 6 francs. (*Porté à 12 francs*).

Donation entre vifs.

I. Acceptée.
1 p. % de 1 à 50.000 francs. (*Majoration du quart*).
0.50 p. % de 50.000 à 200.000 francs. (*Majoration du quart*).
0.25 p. % au-dessus. (*Majoration du quart*).
Sur la valeur des biens donnés.

II. Non acceptée.
Les trois quarts de l'honoraire de la donation acceptée.

III. Acceptation de donation.
Le quart de l'honoraire de la donation acceptée.

Minimum : 10 francs. (*Porté à 20 francs*).

Donation entre époux pendant le mariage.	Honoraires de rédaction.	En l'étude : 6 francs. (*Porté à 7 fr. 50*). Au domicile des parties : 8 francs. (*Porté à 10 francs*) La nuit : 16 francs. (*Porté à 20 francs*).
	Honoraires dus au décès.	Comme en matière de testament.
Échange.		Honoraires comme en matière de vente sur la valeur la plus forte des deux lots échangés. Minimum : 5 francs. (*Porté à 10 francs*).
Endossement.		0.25 p. %. (*Majoration du quart*). Minimum : 2 francs. (*Porté à 4 francs*).
Engagement des gens de mer.		0.25 p. %. (*Majoration du quart*). Minimum : 6 francs. (*Porté à 12 francs*).
Engagement théâtral.		0.25 p. %. (*Majoration du quart*). Minimum : 6 francs. (*Porté à 12 francs*).
Établissement d'origine de propriété. (Par acte séparé).		Honoraires par rôles de minute
État de dettes, de meubles.		Honoraires par rôles de minute.
État de lieux (Procès-verbal d').		Honoraires par rôles de minute.
Experts (Nomination d').		Honoraires par rôles de minute.

Formalités hypothécaires.

Pour les réquisitions de transcription d'actes translatifs de propriété, y compris les réquisitions d'états d'inscriptions, de saisies et de transcriptions, et les certificats de non transcription et de non résolution ou rescision.

(En ce, non compris l'envoi des pièces).

Sur les actes représentant :	Notaires résidant.	Notaires ne résidant pas au siège de la conservation des hypothèques
Un capital de moins de		
500 fr.	1$^{fr.}$50 *(inchangé)*	1$^{fr.}$50 *Porté à 1$^{fr.}$875.*
— 1.000 fr.	2 50 »	2 50 *Porté à 3 125.*
— 2.000 fr.	3 50 »	3 50 *Porté à 4 375.*
— 5.000 fr.	6 » »	6 » *Porté à 7 50.*
Au-dessus de 5.000 fr.	8 » »	8 » *Porté à 10.*
Pour les réquisitions d'états d'inscriptions et de radiations....	2 » *Porté à 2$^{fr.}$50*	3 » *Porté à 3$^{fr.}$75.*
Pour toutes les autres réquisitions	1 » *Porté à 1 25*	1 50 *Porté à 1 875.*
Pour port de chaque envoi de pièces	....	1 » *Porté à 1 25.*

Gage et Nantissement.

Honoraires comme en matière d'affectation hypothécaire.

Indivision (Convention d').

Honoraires par rôles de minute.

Inventaire......

Honoraires par vacations.

Légalisation par le juge de paix ou le président du tribunal de première instance.

0 fr. 25 par pièce légalisée. *(Porté à 0 fr. 3125).*

Légalisation dans un ministère, une ambassade ou un consulat.

1 franc par pièce légalisée. *(Porté à 1 fr. 25).*

Lettre de change.. { 0.25 p. %. (*Majoration du quart*).
{ Minimum : 3 francs. (*Porté à 6 francs*).

Licitation........

A. De gré à gré.
Si l'indivision cesse, honoraires comme en matière de partage C, sur l'ensemble des biens licités.
Minimum : 10 francs. (*Porté à 20 francs*).
Dans le cas contraire : honoraires comme en matière de vente sur la part acquise.
Minimum : 5 francs. (*Porté à 10 francs*).

B. Par adjudication volontaire.
Honoraires comme en matière de vente par adjudication volontaire.
L'honoraire est perçu sur le prix totale des immeubles licités.

C. Judiciaire.
Article 14 de l'ordonnance du 10 octoble 1841 (1). (*Modifié art. 8 du décret du 29 décembre 1919*) (!) et loi du 23 octobre 1884 (2).

---

(1) *Ordonnance du 10 octobre 1841. Art. 14.* — Dans les cas où les tribunaux renverront des ventes d'immeubles par devant les notaires ceux-ci auront droit, (*Le reste omis jusqu'à*) :

Sur le prix des biens vendus, jusqu'à 10.000 francs à...................... 1 %.
Sur la somme excédant 10.000 francs jusqu'à 50.000 francs............... 1/2 %.
Sur la somme excédant 50.000 francs jusqu'à 100.000 francs.............. 1/4 %.
Et sur l'excédent de 100.000 francs indéfiniment à....................... 1/8 %.

(1) *Art. 8. Décret du 29 décembre 1919.* — Les notaires commis pour les adjudications d'immeubles, ont droit, sur le prix des biens vendus, et sous réserve de l'application de la loi du 23 octobre 1884, aux trois-quarts des honoraires proportionnels prévus par l'article 29 n° 2, du décret portant fixation du tarif des frais et dépens en ce qui concerne les avoués.

Art. 29 n° 2.

Jusqu'à 10.000 fr. (y compris les premiers 500 francs)........................ 2 50 %.
Sur l'excédent jusqu'à 20.000 francs..... 2 » %.
Sur l'excédent jusqu'à 100.000 francs..... 1 » %.
Sur l'excédent jusqu'à 300.000 francs..... 0 75 %.
Sur l'excédent jusqu'à 1 million .... 0 50 %.
Sur l'excédent indéfiniment............. 0 25 %.

Moyennant les allocations ci-dessus, les notaires sont chargés de la rédaction du cahier des charges, de la réception des enchères et de l'adjudication ; ils ne pourront rien exiger pour les minutes de leurs procès-verbaux d'adjudication.

(2) *L. du 23 octobre 1884. Art. 3, § 2.* — Lorsque le prix d'adjudication ne dépassera pas 1.000 francs, les divers agents de la loi subiront une réduction d'un quart des émoluments à eux dus et alloués en taxe conformément au tarif du 10 octobre 1841.

Art. 1, § 2. — Les lots mis en vente par le même acte seront réunis pour le calcul du prix d'adjudication et la valeur des lots non adjugés entrera dans ce calcul pour leur mises à prix. La vente ultérieure des lots non adjugés profitera du bénéfice de la loi d'après les mêmes règles.

Liquidation de reprises.	1 p. % de 1 à 100.000 francs ; 0.50 p. % de 100.000 à 400.000 francs ; 0.25 p. % de 400.000 à 5 millions de francs ; 0.125 p. % au dessus (*le tout majoré du quart*). Sur les sommes payées ou garanties, augmentées de la moitié du surplus de la créance de la femme. 0.10 p. % sur les reprises en nature. (*Majoration du quart*). Minimum : 12 francs. (*Porté à 24 francs*).
Mainlevée d'écrou ou de saisie.	4 francs en brevet. (*Porté à 5 francs*). 6 francs en minute. (*Porté à 7 fr. 50*).
Mainlevée d'inscription hypothécaire de privilège.	A. Définitive ou partielle réduisant la créance : 0.10 p. %. (*Majoration du quart*). Minimum : 6 francs. (*Porté à 12 francs*). B. Réduisant le gage : 6 francs. (*Porté à 7 fr. 50*). Lorsqu'il y a eu une ou plusieurs mainlevées partielles réduisant la créance, l'honoraire pour mainlevée définitive est perçu seulement sur la somme qui restait garantie.
Mention marginale.	2 francs. (*Porté à 2 fr. 50*).
Mines et carrières. (Cession ou exploitation).	Honoraires comme en matière de vente.
Mitoyenneté. (1)	Abandon : 6 francs. (*Porté à 7 fr. 50*). Cession : Honoraires comme en matière de vente. Convention : Honoraires par rôles de minute.
Nomination.	de conseil à une mère tutrice ou de tuteur (art. 391-397, C. C. (2) : 6 francs. (*Porté à 7 fr. 50*). d'exécuteur testamentaire : 6 francs. (*Porté à 7 fr. 50*). de séquestre, gardien ou dépositaire : 6 francs. (*Porté à 7 fr. 50*).
Notoriété (Acte de).	simple......... 4 francs en brevet. (*Porté à 5 francs*). / 6 francs en minute. (*Porté à 7 fr. 50*). complexe...... 8 francs en brevet. (*Porté à 10 francs*). / 12 francs en minute. (*Porté à 15 francs*).

---

(1) *Mutations cadastrales. Extraits prévus par la loi du 20 mai 1915, par extrait : 0 fr. 07.*

(2) *C. C. Art. 391.* — Le père pourra nommer à la mère survivante et tutrice, un conseil spécial sans l'avis duquel elle ne pourra faire aucun acte relatif à la tutelle. Si le père spécifie les actes pour lesquels le conseil sera nommé la tutrice sera habile à faire les autres sans son assistance.

Art. 397. — Le droit individuel de choisir un tuteur *ou une tutrice, parent ou parente, ou même étranger ou étrangère, n'appartient qu'au dernier survivant des père et mère.*

Obligation		1 p. % de 1 à 150.000 francs ; 0.50 p. % de 150.000 à 500.000 francs ; 0.25 p. % au dessus (*le tout majoré du quart*). Minimum : 5 francs. (*Porté à 10 francs*).
Ordre amiable (avec ou sans quittance).		Honoraires comme en matière de distribution de deniers.
Partage volontaire ou judiciaire	A Avec ou sans liquidation, de communauté, de succession ou de Société	1 p. % de 1 à 100.000 francs ; 0.50 p. % de 100.000 à 400.000 francs ; 0.25 p. % de 400.000 à 5 millions de francs ; 0.125 p. % au dessus (*le tout majoré du quart*). Sur l'actif brut, rapports non compris, déduction faite des legs particuliers. Minimum : 15 francs : (*Porté à 30 francs*).
	B. Liquidation sans partage	Moitié des honoraires ci-dessus. Minimum : 12 francs. (*Porté à 24 francs*).
	C. Partage de biens indivis dans les cas autres que ceux prévus au paragraphe A ci-dessus.	0.75 p. % de 1 à 100.000 francs ; 0.375 p. % de 100.000 à 400.000 francs ; 0.20 p. % au dessus (*le tout majoré du quart*). Minimum : 12 francs. (*Porté à 24 francs*).
Partage anticipé ou d'ascendants. (Art. 1075, C. C. (1))		1 p. % de 1 à 100.000 francs ; 0.50 p. % de 100.000 à 200.000 francs ; 0.25 p. % de 200.000 à 5 millions de francs ; 0.125 p. % au dessus (*le tout majoré du quart*). Minimum : 12 francs. (*Porté à 24 francs*).

---

(1) *C. C. Art. 1075.* — Les père et mère et autres ascendants pourront faire, entre leurs enfants et descendants la distribution et le partage de leurs biens.

Décision de la chambre du 4 octobre 1905. Dans une donation faite à titre de partage anticipé par un époux survivant à ses enfants, qui, en même temps, partagent des biens leur provenant de la succession du prédécédé, il y a lieu de percevoir l'honoraire de partage d'ascendant sur les biens donnés, et l'honoraire de partage sur les autres biens compris au partage.

Partage testamentaire.	**I.** Droit exigible au moment de la rédaction de l'acte	Honoraires par rôles de minute. Minimum : 20 francs. (*Porté à 25 francs*).
	II. Au décès.	Honoraires comme en matière de partage A.

Procès-verbal de dires et protestations, de difficultés	Honoraires par rôles de minute.

Procuration.	spéciale	4 francs en brevet. (*Porté à 5 francs*). 6 francs en minute. (*Porté à 7 fr. 50*).
	générale ou prévue par l'article 2 de la loi du 21 juin 1843 (1).	6 francs en brevet. (*Porté à 7 fr. 50*). 8 francs en minute. (*Porté à 10 francs*).

Promesse de vente.	0.25 p. %, avec imputation sur l'honoraire de vente si elle se réalise dans la même étude. (*Majoration du quart*). Minimum : 6 francs. (*Porté à 12 francs*).
Prorogation de délai.	0.50 p. % de 1 à 100.000 francs. 0.25 p. % au-dessus (*le tout majoré du quart*). Minimum : 6 francs. (*Porté à 12 francs*).
Prorogation de bail.	Honoraires comme en matière de bail sur les années restant à courir.
Protèt.	Décret du 23 mars 1848 *remplacé par décret du 29 décembre 1919 portant révision du tarif des huissiers*.
Purge légale	Honoraires par vacations.

---

(1) *L. du 21 juin 1843. Art. 2, § 1.* — A l'avenir, les actes notariés contenant donation entre vifs, donation entre époux pendant le mariage, révocation de donation ou de testament, reconnaissance d'enfants naturels, et les procurations pour consentir ces divers actes seront à peine de nullité reçus conjointement par deux notaires ou par un notaire en présence de 2 témoins.

Quittance..........	A. Pure et simple ou dans les cas prévus par les articles 1250 (§ 2) et 1251 du Code civil (1).	0.50 p. % de 1 à 100.000 francs. 0.25 p. % au-dessus (*le tout majoré du quart*). Minimum : 6 francs. (*Porté à 12 francs*).
	B. D'ordre judiciaire.	0,75 p. % de 1 à 100.000 francs ; 0,375 p. % au-dessus (*le tout majoré du quart*). Minimum : 6 francs. (*Porté à 12 francs*).
	C. Subrogative (Art. 1250, § 1 C. C. (1).	Honoraires comme en matière d'obligation. Minimum : 5 francs. (*Porté à 10 francs*).

Rachat par réméré.	Honoraires comme en matière de quittance pure et simple.
Rapport pour minute.	6 francs. (*Porté à 7 fr. 50*).
Ratification.	4 francs en brevet ; (*Porté à 5 francs*). 6 francs en minute. (*Porté à 7 fr. 50*). Et en plus 2 francs par chaque partie, en sus de la première, ayant un intérêt distinct et intervenant dans l'acte. (*Porté à 2 fr. 50*).
Réalisation de crédit.	6 francs. (*Porté à 7 fr. 50*).

---

(1) *C. C., art. 1259.* — La subrogation dans les droits du créancier, au profit d'une tierce personne qui la paie, est ou conventionnelle ou légale.

Art. 1250. — Cette subrogation est conventionnelle : 1° Lorsque le créancier recevant son paiement d'une tierce personne la subroge dans ses droits, actions, priviléges ou hypothèques contre le débiteur ; cette subrogation doit être expresse et faite en même temps que le paiement ; 2° lorsque le débiteur emprunte une somme à l'effet de payer sa dette et de subroger le prêteur dans les droits du créancier. Il faut, pour que cette subrogation soit valable, que l'acte d'emprunt et la quittance soient passés devant notaires, que dans l'acte d'emprunt il soit déclaré que la somme a été empruntée pour faire le paiement, et que dans la quittance il soit déclaré que le paiement a été fait des deniers fournis à cet effet par le nouveau créancier. Cette subrogation s'opère sans le concours de la volonté du créancier.

Art. 1251. — La subrogation a lieu de plein droit : 1° au profit de celui qui étant lui-même créancier, paie un autre créancier qui lui est préférable à raison de ses priviléges ou hypothèques ; 2° au profit de l'acquéreur d'un immeuble qui emploie le prix de son acquisition au paiement des créanciers auxquels cet héritage était hypothéqué ; 3° au profit de celui qui étant tenu avec d'autres ou pour d'autres au paiement de la dette avait intérêt de l'acquitter ; 4° au profit de l'héritier bénéficiaire qui a payé de ses deniers les dettes de la succession.

Recherche (droits de).	Si l'année est indiquée : 0 fr. 50. (*Porté à 0 fr. 625*). Au cas contraire : 1 franc. (*Porté à 1 fr. 25*). Si la recherche a pour objet la délivrance d'une expédition ou la réception d'un acte, l'honoraire n'est pas dû.
Récolement.	Honoraires par vacations.
Reconnaissance de dot, de reprises, de droits paraphernaux.	Honoraires comme en matière d'apports en mariage (1).
Reconnaissance d'enfant naturel.	10 francs. (*Porté à 12 fr. 50*).
Reconnaissance d'hypothèque.	6 francs. (*Porté à 7 fr. 50*).
Reconnaissance de dette.	Honoraires comme en matière d'obligation. Minimum : 5 francs. (*Porté à 10 francs*).
Réduction d'hypothèque.	Voir *Mainlevée*.
Référé.	Honoraires par vacations.
Règlement d'indemnité en cas d'expropriation pour cause de déclaration d'utilité publique	A. Avant le jugement d'expropriation : Honoraires comme en matière de vente. B. Après le jugement : Honoraires comme en matière de quittance pure et simple.
Réméré (Vente à).	Honoraires comme en matière de vente.
Remise de dette.	Honoraires comme en matière de quittance pure et simple.
Renonciation (Par acte séparé).	4 francs en brevet. (*Porté à 5 francs*). 6 francs en minute. (*Porté à 7 fr. 50*).
Renonciation à hypothèque légale	A. A la suite d'un acte authentique ou de dépôt, avec reconnaissance d'écriture, d'un acte de vente sous signature privée : 6 francs. (*Porté à 7 fr. 50*). B. Dans les autres cas : Moitié de l'honoraire qui aurait été perçu sur l'acte de vente (1).

(1) Minimum : 6 francs (*décret du 31 décembre 1898*). (*Porté à 12 francs*).

| Représentation. | de présumé absent (art. 113, C. C. (1)).........
de non présent (art. 942, C. proc. civ. (2))......
d'aliéné non interdit (art. 36, loi du 30 juin 1838 (3)) .... | Honoraires par vacations. |

| Reprise de la vie commune (Art. 311 C.C. (4)). | 6 francs. (*Porté à 7 fr. 50*). |

| Résiliation. | A. De vente, dans les 24 heures : 6 francs. (*Porté à 7 fr. 50*).
Après ce délai : Moitié de l'honoraire de l'acte résilié (5).
R. De bail : Moitié de l'honoraire de bail, sur les années restant à courir (6). |

---

(1) *C. C., art. 113.* — Le tribunal à la requête de la partie la plus diligente, commettra un notaire pour représenter les présumés absents, dans les inventaires, comptes, partages et liquidations dans lesquels ils seront intéressés.

(2) *C. proc. civ., art. 942.* — L'inventaire doit être fait en présence : 1° du conjoint survivant ; 2° des héritiers présomptifs ; 3° de l'exécuteur testamentaire si le testament est connu ; 4° des donataires et légataires universels ou à titre universel soit en propriété, soit en usufruit, ou eux dûment appelés s'ils demeurent dans la distance de 5 myriamètres ; s'ils demeurent au-delà, il sera appelé par tous les absents un seul notaire nommé par le Président du tribunal de première instance, pour représenter les parties appelées et défaillantes.

(3) *L. du 30 juin 1838. art. 36.* — A défaut d'administrateur provisoire, le président, à la requête de la partie la plus diligente, commettra un notaire pour représenter les personnes non interdites placées dans les établissements d'aliénés, dans les inventaires, comptes, partages et liquidations dans lesquelles elles seraient intéressées.

(4) *C. C., art. 311, § 1.* — S'il y a cessation de la séparation de corps par la réconciliation des époux, la capacité de la femme est modifiée pour l'avenir et réglée par les dispositions de l'art. 1449. Cette modification n'est opposable aux tiers que si la reprise de la vie commune a été constatée par acte passé devant notaire avec minute, dont un extrait devra être affiché en la forme indiquée par l'article 1445 et de plus par la mention en marge : 1° de l'acte de mariage ; 2° du jugement ou de l'arrêt qui a prononcé la séparation et enfin par la publication en extrait dans l'un des journaux du département recevant les publications légales.

Art. 1449. — La femme séparée soit de corps et de biens, soit de biens seulement, en reprend la libre administration. Elle peut disposer de son mobilier et l'aliéner. Elle ne peut aliéner ses immeubles sans le consentement du mari ou sans être autorisée en justice à son refus.

Art. 1445, § 1. — Toute séparation de biens doit, avant son exécution être rendue publique par l'affiche sur un tableau à ce destiné, dans la principale salle du tribunal de première instance et de plus si le mari est marchand, banquier ou commerçant, dans celle du tribunal de commerce du lieu de son domicile, et ce, à peine de nullité de l'exécution.

(5) Minimum 5 francs (*Décret du 31 décembre 1898*). (*Porté à 10 francs*).

(6) Minimum 4 francs   *id.*   *id.*   (*Porté à 8 francs*).

Rétablissement de communauté. (Acte de). (Art.1451,C.C.(1))	1/5 des honoraires du contrat de mariage (2).
Retrait de droits litigieux, d'indivision, successoral.	Honoraires comme en matière de quittance pure et simple.

Révocation.

de conseil à la mère tutrice : 6 francs. (*Porté à 7 fr. 50*).
de donation entre époux : 6 francs. (*Porté à 7 fr. 50*).
de mandat ou { 4 francs en brevet. (*Porté à 5 francs*).
de substitution { 6 francs en minute. (*Porté à 7 fr. 50*).
de testament : 6 francs. (*Porté à 7 fr. 50*).

Société (Acte de).

Anonyme, en commandite par actions.

1 % de 1 à 10.000 francs ;
0.50 p. % de 10.000 à 50.000 francs ;
0.25 p. % de 50.000 à 200.000 francs ;
0.125 p. % au-dessus (*le tout majoré du quart*).
Minimum : 20 francs. (*Porté à 40 francs*).

Déclaration de souscription du capital social.

A. Si l'acte de société a été reçu dans l'étude 20 francs. (*Porté à 25 francs*).
B. Dans le cas contraire : Moitié de l'honoraire qui aurait été perçu sur l'acte de société.

Autres sociétés.

1 p. % de 1 à 10.000 francs ;
0.50 p. % de 10.000 à 50.000 francs ;
0.25 p. % de 50.000 à 200.000 francs ;
0.125 p. % au-dessus (*le tout majoré du quart*).
Minimum : 20 francs. (*Porté à 40 francs*).

Prorogation de société

Moitié des honoraires ci-dessus et honoraire entier sur les nouveaux apports, s'il y en a.

Dissolution de société.

12 francs, sous réserve du cas où il y a lieu à honoraire proportionnel, à raison des conventions que renferme l'acte. (*Porté à 15 francs, sous même réserve*).

---

(1) *C. C. art. 1451*. — La communauté dissoute par la séparation soit de corps et de biens, soit de biens seulement, peut être rétablie du consentement des deux parties. Elle ne peut l'être que par un acte passé devant notaires et avec minute dont une expédition doit être affichée dans la forme de l'article 1445. En ce cas, la communauté rétablie reprend son effet du jour du mariage ; les choses sont remises au même état que s'il n'y avait point eu de séparation, sans préjudice néanmoins de l'exécution des actes qui, dans cet intervalle, ont pu être faits par la femme en conformité de l'article 1449. Toute convention par laquelle les époux rétabliraient leur communauté sous des conditions différentes de celles qui la réglaient antérieurement est nulle....

(2) Minimum : 6 francs. (*Décret du 31 décembre 1898*). (*Porté à 12 francs*).

Sous-bail.	Honoraires comme en matière de bail.
Substitution. de pouvoirs.	4 francs en brevet. (*Porté à 5 francs*). 6 francs en minute. (*Porté à 7 fr. 50*).
Testament olographe.	Présentation au président du tribunal et retrait (art. 1007, C.C.(1)) : 8 francs. (*Porté à 10 francs*). Acte de dépôt, s'il y a lieu : 6 francs. (*Porté à 7 fr. 50*). Moitié des honoraires perçus en matière de testament authentique.

Testament public ou authentique.

A — Droit fixe exigible lors de la rédaction de l'acte

A l'étude : 12 francs. (*Porté à 15 francs*).
Au domicile des parties : 18 francs. (*Porté à 22 fr. 50*).
La nuit : 30 francs. (*Porté à 37 fr. 50*).

Testament public ou authentique.

B — Droit dû au décès du testateur sur les dispositions contenues dans le testament. (*Art. 17 des Dispositions générales*).

En ligne directe et entre époux.
1 p. % de 1 à 50.000 francs ;
0.50 p.% de 50.000 à 100.000 fr. ;
0.25 p. % au-dessus
(*le tout majoré du quart*).

En ligne collatérale et entre étrangers.
1 p. % de 1 à 100.000 francs ;
0.50 p.% de 100.000 à 200.000 fr. ;
0.25 p. % au-dessus
(*le tout majoré du quart*).

Testament mystique.

I. Acte de suscription : 20 francs. (*Porté à 25 francs*).
II. Présentation au président et retrait : 8 francs. (*Porté à 10 francs*).
III. Sur les dispositions du testament, au décès : Honoraires comme en matière de testament authentique.

Tirage au sort des lots

Moitié des honoraires perçus en matière de partage, mais seulement dans le cas où l'opération a été la seule pour laquelle le notaire a été commis (2).

---

(1) C. C. Art. 1007, § 1 et 4. — Tout testament olographe sera, avant d'être mis à exécution, présenté au tribunal de première instance de l'arrondissement dans lequel la succession est ouverte. Ce testament sera ouvert s'il est cacheté. Le président dressera procès-verbal de la présentation, de l'ouverture et de l'état du testament dont il ordonnera le dépôt entre les mains du notaire par lui commis. Si le testament est dans la forme mystique, sa présentation, son ouverture, sa description et son dépôt seront faits de la même manière ; mais l'ouverture ne pourra se faire qu'en présence de ceux des notaires et des témoins signataires de l'acte de suscription qui se trouveront sur les lieux ou eux appelés.

(2) Minimum : 10 francs. (*Décret du 31 décembre 1898*). (*Porté à 20 francs*).

Titre nouvel.	Moitié des honoraires perçus sur le titre originaire (1).
Transaction.	Cet acte donne ouverture à l'honoraire spécial de la convention à laquelle il aboutit et, de plus, s'il y a lieu, à un honoraire particulier réglé d'après les difficultés de l'affaire et les soins donnés à sa conclusion, conformément à l'article 2 de la loi du 20 juin 1896 (2).
Translation d'hypothèque.	A. Portant sur la totalité du gage : Honoraires comme en matière d'affectation hypothécaire (3). B. Partielle : Mêmes honoraires perçus sur une somme qui sera fixée eu égard au montant de la créance, en tenant compte du rapport existant entre la valeur des biens dégrevés et celle de la totalité du gage. Minimum : 6 francs. (*Porté à 12 francs*).
Transport de créances.	Honoraires comme en matière d'obligation. Minimum : 5 francs. (*Porté à 10 francs*).
Transport de droit litigieux et successifs	Honoraires comme en matière de vente.
Usufruit. (Cession ou don d').	Honoraires comme en matière de vente ou de donation, selon le cas.
Vente par adjudication judiciaire ou volontaire de créances, droits incorporels, fonds de commerce, navires, bateaux, actions et valeurs industrielles. (Cahier des charges compris)	2 p. % de 1 à 100.000 francs ; 1 p. % de 100.000 à 300.000 francs ; 0.50 p. % au-dessus. (*le tout majoré du quart*). (4)

(1) Minimum : 5 francs. (*Décret du 31 décembre 1898*). (*Porté à 10 francs*).

(2) Voir note page 35.

(3) Minimum : 6 francs (*Décret du 31 décembre 1898*). (*Porté à 12 francs*).

(4) En cas de vente par adjudication publique d'un fonds de commerce, la Chambre a été d'avis que l'honoraire depuis le tarif légal, qui ne fait, pour la Cour de Douai, aucune distinction dans ce cas, était dû au même taux sur le prix d'adjudication du fonds de commerce et la valeur fixée à l'avance ou à fixer par experts pour la reprise obligatoire des marchandises (Décision de la Chambre du 5 juillet 1905).

Vente par adjudication de fruits et récoltes pendants par racines, de coupes de bois taillis, de futaies aménagées et non aménagées, et de tourbages.	Décret du 5 novembre 1851. (1)
Vente par adjudication de meubles et objets mobiliers et d'arbres au détail	Tarif de la loi du 18 juin 1843. (2)
Vente par adjudication judiciaire d'immeubles.	Ordonnance du 10 octobre 1841 (*Remplacée par décret du 29 décembre 1919 article 8*) et loi du 23 octobre 1884 (3). L'honoraire sera perçu sur le prix de chaque lot séparément, lorsque les lots seront composés d'immeubles distincts.

---

(1) Voir note 1 pages 55 et 56.

(2) *L. du 18 juin 1843. Art. 1.* — Il sera alloué aux commissaires priseurs :

3° Pour tous droits de vente non compris les déboursés pour y parvenir et en acquitter les droits, non plus que la rédaction des placards, 6 % sur le produit des ventes, sans distinction de résidence.

Il pourra en outre être alloué une ou plusieurs vacations sur la réquisition des parties constatée par procès-verbal du commissaire priseur à l'effet de préparer les objets mis en vente. Ces vacations extraordinaires ne seront passées en taxe qu'autant que le produit de la vente s'élèvera à 3.000 francs.

Chacune de ces vacations de 3 heures donnera droit aux émoluments fixés par le n° 1er du présent article (à Paris, Bordeaux, Rouen, Toulouse et Marseille : 6 francs ; partout ailleurs : 5 francs).

4° Pour expédition ou extrait de procès-verbaux de vente, s'ils sont requis, outre le timbre, et pour chaque rôle de 25 lignes à la page et de 15 syllabes à la ligne, 1 fr. 50.

Pour consignation à la caisse, s'il y a lieu :

A Paris, Lyon, Bordeaux, Rouen, Toulouse et Marseille : 6 francs ; partout ailleurs : 5 francs.

Pour assistance à l'essai ou au poinçonnage des matières d'or et d'argent :

A Paris, Lyon, Bordeaux, Rouen, Toulouse et Marseille : 6 francs ; partout ailleurs : 5 francs.

Pour paiement des contributions conformément aux dispositions des lois des 5-18 août 1791 et 12 novembre 1808 :

A Paris, Lyon, Bordeaux, Rouen, Toulouse et Marseille : 4 francs ; partout ailleurs 3 francs.

Art. 3 et 4. — (Conformes aux articles 5 et 6 du décret du 5 novembre 1851, voir note page 56).

(3) Voir notes 1 et 2 page 62.

Vente par adjudication volontaire d'immeubles. (cahier des charges compris).	3,50 p. % de 1 à 10.000 francs ; 3 p. % de 10.000 à 25.000 francs ; 2,50 p. % de 25.000 à 50.000 francs ; 2 p. % de 50.000 à 100.000 francs ; 1 p. % de 100.000 à 500.000 francs ; 0,50 p. % au dessus (*le tout majoré du quart*). L'honoraire sera perçu séparément sur le prix de chaque lot. Si dans le délai de 4 mois, après une tentative d'adjudication restée infructueuse, la vente est réalisée de gré à gré, l'honoraire d'adjudication est dû au notaire.
Vente d'immeubles de gré à gré.	1 p. % de 1 à 200.000 francs ; 0.50 p. % de 200.000 à 500.000 francs ; 0.25 p. % au-dessus (*le tout majoré du quart*). Minimum : 5 francs. (*Porté à 10 francs*).
Vente de gré à gré de bois taillis, futaies, fruits et récoltes, et en général de meubles et objets mobiliers.	Même tarif que ci-dessus.
Vente de gré à gré de navires et bateaux.	0,25 p. %. (*Majoration du quart*). Minimum : 5 francs. (*Porté à 10 francs*).
Vente de gré à gré de fonds de commerce.	1 p. %, et 0.50 p. % seulement sur la valeur des marchandises. (*le tout majoré du quart*).
Vente de gré à gré d'actions industrielles et commerciales et autres droits incorporels.	0,50 p. % de 1 à 50.000 francs ; 0,25 p. % au-dessus. (*le tout majoré du quart*). Minimum : 5 francs. (*Porté à 10 francs*).

RÈGLEMENT

Approuvé par M. le Ministre de la Justice,

LE 18 OCTOBRE 1847.

RÈGLEMENT

POUR LES NOTAIRES DE L'ARRONDISSEMENT DE LILLE

ARRÊTÉ PAR LA CHAMBRE DE DISCIPLINE DANS SA SÉANCE DU 17 AVRIL 1847,

Et approuvé par Monsieur le Ministre de la Justice le 18 octobre de la même année.

TITRE PREMIER.

Des diverses règles et prohibitions à observer par les notaires.

ARTICLE 1.

Les notaires doivent, indépendamment de l'obligation qui leur est imposée de se conformer aux lois, apporter, dans l'exercice de leurs fonctions, prudence, délicatesse et désintéressement.

ARTICLE 2.

Les notaires ne peuvent contracter entre eux, ni avec les tiers, aucune société pour l'exercice de leurs fonctions.

ARTICLE 3.

Aucun notaire ne doit permettre que son nom soit indiqué dans les affiches ou annonces relatives aux entreprises de remplacements militaires.

ARTICLE 4.

Les notaires doivent se refuser à apposer leur signature, pour quelque motif que ce soit, sur les actions émises en vertu d'actes de société.

ARTICLE 5.

Tous pactes et conventions ayant pour objet d'accorder à des tiers des remises sur les honoraires des notaires, sont interdits à ces derniers comme indignes de leur ministère et contraires aux règles de la discipline.

ARTICLE 6.

Les notaires ne prendront aucun nom, surnom ou prénom, autres que ceux sous lesquels ils ont obtenu leur nomination, à moins qu'ils n'aient obtenu l'autorisation légale d'un changement ou d'une addition.

ARTICLE 7.

Un notaire ne peut être substitué pour la réception d'un acte et la délivrance des grosses et expéditions que par un autre notaire, ayant ainsi que le substitué, droit d'instrumenter dans le lieu où l'acte est reçu : à la condition d'ailleurs d'observer les conditions suivantes, prescrites par une décision des ministres de la justice et des finances du 11 novembre 1819, transmise à la chambre des notaires de Paris, le 3 janvier 1820, portant :

« 1º Dans le cas où un notaire aura remplacé son confrère pour la rédaction » d'un acte, cet acte contiendra la mention que la minute restera au notaire » suppléé, lequel demeurera responsable du préjudice de la substitution.

» La minute sera portée à la fois au répertoire du notaire substitué et à » celui du notaire substituant, avec mention par celui-ci que la minute est » restée au notaire suppléé.

» 2º En ce qui concerne la minute d'une décharge donnée personnellement » à un notaire, à la suite d'un acte par lui reçu, cette quittance ou décharge, » quoique signée par un autre notaire, restera en la garde du notaire dont » elle opère la libération ».

ARTICLE 8.

Un notaire ne peut, à raison de ses fonctions, se transporter hors de sa résidence à jour fixe ou à des époques périodiques, y faire annoncer sa présence, ni avoir un cabinet hors de la maison où est le siège de son étude.

ARTICLE 9.

Il est interdit aux notaires d'apposer leur signature sur des actes qui n'ont pas été écrits par eux, par un de leurs confrères, ou par un clerc reconnu comme tel.

ARTICLE 10.

Le notaire qui reçoit un acte portant cession ou délégation d'une partie de créance doit, autant que possible, se faire représenter la grosse du titre constitutif et y annoter cette cession partielle.

Une annotation de même nature doit être faite sur les actes de partage et tous actes translatifs de propriété qui seront représentés aux notaires à effet de rédiger des contrats d'aliénation pour un ou plusieurs des immeubles compris auxdits actes.

Et lorsqu'il sera fait un emprunt en vertu d'un mandat, la quotité de la somme empruntée sera mentionnée sur l'extrait ou l'expédition de ce mandat.

Enfin, dans les actes analogues, le notaire doit faire pareille annotation sur toutes les pièces où cette précaution lui paraîtra utile pour empêcher la fraude, l'erreur et les doubles emplois.

ARTICLE 11.

Chaque rôle de grosse ou d'expédition devra être paraphé par les notaires.

ARTICLE 12.

Dans les actes sous seings-privés qui précèdent la réalisation par acte authentique d'une vente, d'un bail ou de tout autre opération, il est interdit d'imposer la condition que l'acte sera reçu par un notaire dénommé.

Toute clause qui désignera le nom d'un notaire sera, par la chambre de discipline, et pour les avis qu'elle aura à donner, considérée comme nulle et non écrite.

ARTICLE 13.

Il est interdit aux notaires de recevoir le bon ou l'obligation personnelle des acquéreurs en paiement de leur prix, et de leur accorder quittance en échange de cette obligation.

ARTICLE 14.

La remise des grosses exécutoires sera constatée sur la marge des minutes par une mention sommaire indiquant l'époque de la délivrance; cette mention sera signée ou paraphée par le notaire.

ARTICLE 15.

Les études des notaires ne seront indiquées que par des panonceaux, sans autre légende ni accessoires quelconques; toutes autre indications seront supprimées dans le délai de trois mois à partir de l'approbation du présent règlement.

ARTICLE 16.

Dans le même délai de trois mois, les notaires qui jusqu'alors s'en seraient abstenus, seront obligés d'ouvrir et de *tenir à jour* trois livres de comptabilité, savoir :

Un livre de caisse portant, jour par jour, les recettes et dépenses de toute nature ;

Un registre d'étude, portant dans l'ordre chronologique des actes, et sous le nom du client chargé du paiement, les droits d'enregistrement, de timbre, d'hypothèque et autres déboursés, ainsi que les honoraires de chaque acte ;

Enfin, un livre de comptes ouverts aux clients de l'étude destiné à résumer la position du notaire avec ses clients.

ARTICLE 17.

Chaque notaire démissionnaire est tenu de remettre à la chambre le sceau qu'il a employé pendant son exercice. Cette remise doit être faite dans la huitaine du jour de l'installation du successeur, entre les mains et sur le récépissé du secrétaire.

Les sceaux remis en exécution du présent article seront de suite brisés et annulés. Il en sera tenu par le secrétaire un état, lequel restera déposé aux archives.

TITRE DEUXIÈME.

Des adjudications publiques.

ARTICLE 18.

Les notaires procèderont aux ventes publiques des biens meubles et immeubles dans leurs études ou dans les salles d'adjudication reçues et agréées par la chambre de discipline, et à défaut de salles d'adjudication, dans les locaux effectés aux mairies.

Sont exceptées de ces dispositions les ventes de biens meubles ou tels réputés, auxquelles il est d'usage de procéder sur les lieux.

ARTICLE 19.

La distribution des boissons et les repas à l'occasion des ventes mobilières et immobilières sont formellement interdits, quand même ils auraient lieu avant ou après ces adjudications.

ARTICLE 20.

Toute adjudication devra être constatée par un acte authentique.

ARTICLE 21.

Le notaire nommé par justice sera seul désigné dans les affiches et avis annonçant la licitation ou la vente.

ARTICLE 22.

Le notaire à qui appartient le droit de conserver la minute des actes de vente sera nommé le premier dans les affiches et annonces, et prononcera les adjudications.

⸴ TITRE TROISIÈME.

**Assemblées générales. — Réunions de la chambre.
Attributions. — Bourse commune.**

§ I.
Assemblées générales. — Élection des membres de la chambre.

ARTICLE 23.

Il y aura chaque année au moins deux assemblées générales des notaires de l'arrondissement, conformément à l'article 22 de l'ordonnance du 4 janvier 1843. La première aura lieu dans la première huitaine du mois de mai, et la seconde dans la première huitaine du mois de novembre.

ARTICLE 24.

Les assemblées générales ordinaires et extraordinaires seront convoquées par le président de la chambre dix jours avant l'époque de la réunion, à moins que les circonstances n'exigent plus de célérité.

ARTICLE 25.

L'assemblée générale du mois de mai sera précédée d'un obit auquel les notaires sont invités à assister.

ARTICLE 26.

Les notaires qui, sans motifs légitimes, n'assisteront pas aux assemblées générales, seront passibles de peines disciplinaires.

ARTICLE 27.

La police de l'assemblée appartient au président, qui accorde, refuse ou retire la parole.

ARTICLE 28.

Le membre qui, dans le cours de la discussion, s'écarte de la question ou de l'ordre, y est rappelé par le président.

ARTICLE 29.

Le bureau des assemblées générales se compose de tous les membres de la chambre de discipline.

En cas d'absence ou d'empêchement du président, il est suppléé par un des membres du bureau, d'après le rang de chacun d'eux.

ARTICLE 30.

Le bureau, pour l'élection des membres de la chambre, est composé, outre le président et le secrétaire de la chambre, des deux notaires les plus anciens en exercice.

ARTICLE 31.

Seront immédiatement décidées par les bureaux ainsi composés, toutes les difficultés qui peuvent s'élever sur le dépouillement et le résultat du scrutin, ainsi que les votes par assis et levé ; aucune réclamation ne peut être faite contre ces décisions.

Le président, en cas de partage d'opinions, a voix prépondérante.

ARTICLE 32.

Les demandes et propositions doivent être déposées par écrit sur le bureau, et ne peuvent être mises en délibération que lorsqu'elles ont été appuyées par cinq membres.

ARTICLE 33.

La majorité des votes des membres prenant part à la délibération forme la décision ; s'il y a égalité de voix, celle du président est prépondérante.

ARTICLE 34.

Lorsqu'on procède à la nomination des membres de la chambre, si le dépouillement du premier scrutin ne donne pas de résultat, il est procédé à un deuxième scrutin, et lorsque la majorité absolue n'est pas encore obtenue, il est passé à un ballotage entre les deux membres qui ont obtenu le plus rgand nombre de voix. En cas d'égalité de suffrages, le plus ancien en réception a la préférence.

ARTICLE 35.

Lorsque la durée des fonctions des membres élus ne doit pas être égale, les premiers proclamés dans l'ordre des suffrages sont nommés pour le temps le plus long.

ARTICLE 36.

Un membre de la chambre, quoique élu pour moins de trois ans, n'est rééligible qu'un an après sa sortie.

§ II.

Constitution et réunion de la chambre de discipline. — Tenue des séances.

ARTICLE 37.

L'élection des officiers de la chambre a lieu au scrutin secret, et pour chacun d'eux séparément.

Le plus ancien dans l'ordre du tableau occupe le fauteuil ; le plus jeune remplit les fonctions de secrétaire.

Le président proclame le résultat du scrutin, et immédiatement après les officiers entrent en fonctions.

ARTICLE 38.

La chambre, ainsi constituée, reçoit, des mains du président sortant, le reliquat des jetons ; du trésorier, le compte de sa gestion qu'elle arrête, s'il y a lieu, les pièces justificatives et le reliquat ; et des mains de l'ancien secrétaire, les titres, pièces, archives et reçus de la chambre.

ARTICLE 39.

Toutes les fois qu'il y aura lieu à émettre un vote sur des questions de personnes, le scrutin secret sera de droit ; dans les autres cas, le scrutin secret ne sera adopté qu'autant qu'il aura été réclamé par deux membres.

La voix du président étant prépondérante (art. 6, § II de l'ordonnance du 4 janvier 1843), il devra en cas de partage d'opinions, faire connaître son vote.

ARTICLE 40.

Les pouvoirs conférés au président de l'assemblée générale pour tenue des séances sont applicables au président de la chambre de discipline.

ARTICLE 41.

La chambre se réunit le premier mercredi de chaque mois, à onze heures du matin ; elle a, en outre, des réunions extraordinaires lorsque l'exigent les besoins du service.

ARTICLE 42.

Des jetons de présence, frappés aux frais et au coin de la compagnie, sont distribués à chaque réunion de la chambre, à ceux de ses membres qui assistent à la séance.

§ III.

Obligations particulières du secrétaire, du trésorier.

ARTICLE 43.

Les registres de la chambre et les archives qui concernent la compagnie sont et demeurent confiés aux soins du secrétaire en exercice ; il en est de même des archives du tabellion, qui, quoique laissées à la garde d'un archiviste particulier, sont toujours sous la surveillance immédiate du secrétaire.

ARTICLE 44.

Le secrétaire est chargé de donner le caractère d'authenticité aux expéditions des actes déposés au tabellion. L'archiviste en retient les émoluments à titre d'honoraires.

ARTICLE 45.

Le secrétaire est tenu de donner avis des additions au tableau des interdits, au fur et à mesure qu'elles lui parviennent.

ARTICLE 46.

Le trésorier est chargé de faire le recouvrement de toutes les sommes que les notaires du ressort sont tenus de verser à la bourse commune.

Il acquitte les dépenses arrêtées par la chambre ou par l'assemblée générale.

Il inscrit en détail toutes les recettes et dépenses sur un registre particulier, coté et paraphé par le président de la chambre.

Son compte est arrêté aux époques indiquées par l'article 6 de l'ordonnance de 1843.

§ IV.

Bourse commune.

ARTICLE 47.

Les dépenses de la compagnie consistent :

1º Dans le loyer des locaux servant à la tenue des séances et à la conservation des archives et de la bibliothèque ;

2º Dans l'achat et l'entretien du mobilier garnissant les locaux ;

3º Dans les frais de bureau, d'impression de tableaux, lettres, réglements et autres documents ;

4º Dans la confection et l'achat des jetons de présence

5º Dans les frais et faux frais de justice, de conseils et autres à faire dans tous les cas où la chambre aurait à faire valoir et à défendre les intérêts communs de la compagnie ;

6º Dans la création ou l'augmentation de la bibliothèque de la compagnie ;

7º Dans les secours à accorder aux anciens notaires, à leurs femmes et enfants qui pourraient se trouver dans le besoin.

ARTICLE 48.

La bourse commune, destinée à subvenir aux dépenses de la compagnie, est formée et alimentée :

1º Par une cotisation annuelle, à la charge de chaque notaire, qui sera votée tous les ans dans l'assemblée générale du mois de mai, et dont le rôle sera soumis à M. le premier président de la cour de Douai, pour être rendu exécutoire ;

2º Par le versement d'une somme de deux cent cinquante francs que chaque notaire nouvellement nommé, et sans distinction de classe, sera tenu de faire aussitôt son installation ;

3º Par le produit des dépôts à la chambre des extraits de contrats de mariage des commerçants et autres dépôts ordonnés par la loi ;

4° Par des appels de fonds qui seront faits extraordinairement, et lorsque les circonstances l'exigeront, en vertu d'une délibération spéciale de l'assemblée générale, en se conformant à l'article 39 de l'ordonnance du 4 janvier 1843.

TITRE QUATRIÈME

Des clercs de notaires. — De la délivrance des certificats de moralité et de capacité.

§ 1er.

Des clercs de notaires.

ARTICLE 49.

Il est défendu aux notaires de délivrer des certificats dans le but de faciliter les inscriptions aux registres du stage aux jeunes gens qui ne travailleraient pas continuellement dans leurs études.

ARTICLE 50.

Le certificat délivré par le père à son fils, ayant travaillé dans son étude, devra porter le visa du syndic de la chambre.

ARTICLE 51.

Tout certificat portera l'empreinte du sceau du notaire qui l'aura délivré.

ARTICLE 52.

Quand un clerc inscrit quitte une étude, le notaire doit en prévenir le secrétaire de la chambre, qui en fait mention sur le registre d'inscription.

ARTICLE 53.

Lorsqu'un notaire décède sans avoir donné de certificat aux clercs travaillant en son étude, ces certificats peuvent être délivrés par son successeur.

§ II.

Examen des aspirants. — Délivrance des brevets de capacité et de moralité.

ARTICLE 54.

L'aspirant au notariat, qui se présentera devant la chambre à effet d'obtenir le certificat de capacité et de moralité prescrit par la loi, devra, autant que possible, être accompagné du notaire avec lequel il aura traité.

Cette présentation devra être précédée d'une demande écrite, adressée au président de la chambre.

ARTICLE 55.

L'examen des aspirants se compose de deux parties : l'examen écrit et l'examen oral.

ARTICLE 56.

Après production des pièces, la chambre nomme, dans la séance de présentation, une commission de trois membres chargée de faire subir à l'aspirant un examen écrit, consistant en questions de droit et rédaction d'actes.

Celui des membres de la commission qui a obtenu le plus grand nombre de suffrages, après s'être entendu avec ses collègues sur les questions à poser à l'aspirant, lui indique les jour et lieu où il se présentera pour subir cette première épreuve.

Le même membre est chargé de faire un rapport à la chambre sur cette partie de l'examen.

ARTICLE 57.

Après l'examen écrit, et si cette première épreuve a été satisfaisante, la commission pose à l'aspirant, devant la chambre assemblée, des questions orales sur le droit et ses applications.

La chambre délibère ensuite, hors la présence du candidat, sur les résultats de l'examen.

ARTICLE 58.

La chambre, après avoir entendu les syndics en leurs conclusions, donne son avis par la voix du scrutin secret, et en s'expliquant séparément sur chacune des deux questions de moralité et de capacité.

ARTICLE 59.

Lorsqu'un membre de la chambre aura traité de son étude et présentera son successeur, il ne pourra prendre part à la nomination de la commission d'examen, ni être présent à aucune des délibérations relatives à la délivrance du certificat de moralité et de capacité réclamé par l'aspirant.

ARTICLE 60.

La disposition contenue au précédent article s'appliquera aux membres de la chambre qui seraient parents ou alliés de l'aspirant en ligne directe à tous les degrés, et en ligne collatérale jusqu'au degré d'oncle ou de neveu inclusivement.

ARTICLE 61.

La chambre ne délivrera de certificat à un candidat étranger qu'autant que sa moralité ait été attestée par la chambre du ressort dans lequel il aura travaillé.

ARTICLE 62.

Le président de la chambre est spécialement chargé de la remise à faire à l'autorité compétente du certificat de capacité et de moralité, et de donner, le cas échéant, tous renseignements et avis nécessaires.

TITRE CINQUIÈME.

Des notaires honoraires.

ARTILCE 63.

Lorsque la chambre de discipline sera saisie d'une proposition ayant pour objet de conférer à un ancien collègue le titre de notaire honoraire, elle nommera dans son sein une commission de trois membres chargée d'instruire sur la proposition.

ARTICLE 64.

A l'expiration du mois qui suivra sa nomination, la commission fera un rapport à la chambre, qui délibérera.

Si le résultat de la délibération est favorable, la proposition d'honorariat sera adressée par l'intermédiaire des parquets à M. le Ministre de la justice, pour être statué conformément à l'article 29 de l'ordonnance du 4 janvier 1843.

ARTICLE 65.

Les délibérations de la chambre relatives à l'honorariat seront prises au scrutin secret ; le nombre des votes ne sera pas constaté au procès-verbal.

ARTICLE 66.

La Chambre de discipline connaîtra de toutes les plaintes qui pourraient être formées contre un notaire honoraire, et suivra à son égard la forme ordinaire pour les notaires en exercice.

Si l'inculpation portée à la chambre contre un notaire honoraire paraît assez grave pour entraîner sa radiation, la chambre s'adjoindra les notaires honoraires du ressort, qui auront voix délibérative.

Si le nombre des notaires honoraires est supérieur à trois, cette adjonction aura lieu par la voix du sort.

Quand l'avis émis par la majorité de la chambre ainsi composée sera pour la radiation, l'expédition de la délibération qui contiendra cet avis sera adressée à M. le Ministre de la justice par l'intermédiaire du parquet.

TITRE SIXIÈME.

**Devoirs funéraires et mesures à prendre après le décès
d'un titulaire ou d'un notaire honoraire.**

ARTICLE 67.

Les notaires assistent en costume aux funérailles de leur collègue mort en exercice, ou d'un notaire honoraire appartenant à la compagnie dont ils font partie.

ARTICLE 68.

Sur l'indication du président et du syndic, s'ils résident dans la commune du notaire décédé, et, à défaut, sur l'invitation du notaire le plus voisin, les notaires se rendront au domicile mortuaire.

La présence à la cérémonie funèbre est absolument obligatoire pour les notaires de la même résidence et du canton du notaire décédé.

ARTICLE 69.

Aussitôt qu'ils sont instruits du décès d'un notaire en exercice, les président et syndic de la chambre, ou l'un d'eux font apposer les scellés sur les minutes et répertoires.

ARTICLE 70.

Le sceau d'un notaire décédé en exercice est retiré au moment de l'apposition ou de la levée des scellés sur les minutes, soit par le syndic, soit par un notaire du ressort que le syndic en aura chargé.

ARTICLE 71.

Les sceaux retirés en exécution de l'article précédent sont détruits, et il en est tenu état par le secrétaire, selon le mode indiqué pour les notaires démissionnaires (article 17 ci-dessus).

TITRE SEPTIÈME.

Costumes.

ARTICLE 72.

Lorsque les notaires paraissent aux assemblées générales et aux séances de la chambre, ou lorsqu'ils assistent comme notaires aux audiences des tribunaux et cours d'assises et aux cérémonies publiques, ils ne peuvent se présenter qu'en habit noir complet et cravate blanche.

TITRE HUITIÈME ET DERNIER.

Dispositions générales.

ARTICLE 73.

Toutes les matières qui, d'après l'ordonnance du 4 janvier 1843, forment l'objet des attributions de la chambre de disciplime, seront réglées par délibération de cette chambre.

ARTICLE 74.

Les notaires ne pourront se prévaloir de la volonté contraire de leurs clients pour se refuser à l'exécution du présent règlement.

Cette exécution est confiée à la chambre, et tous pouvoirs et autorisations sont donnés à chacun de ses membres et spécialement au syndic et rapporteur, chacun en ce qui le concerne, pour rechercher et poursuivre toute contravention qui pourrait y être commise.

RÈGLEMENT INTÉRIEUR

RÈGLEMENT INTÉRIEUR

pour les Notaires de l'Arrondissement de Lille

Titre I. — Règles générales.

ARTICLE 1.

Les notaires, dans leurs rapports avec leurs confrères, doivent scrupuleusement observer les règles de la confraternité, et s'abstenir de toute démarche qui pourrait porter atteinte au respect dû à la clientèle.

ARTICLE 2.

La Chambre de discipline étant investie par la loi de l'attribution de prévenir et de concilier tous les différends entre les membres de la compagnie, les notaires se feront un devoir de ne traduire aucun d'eux devant les tribunaux sans avoir préalablement soumis leur contestation à la chambre de discipline.

ARTICLE 3.

Un notaire ne peut, à l'occasion d'une affaire quelconque, faire des démarches auprès de clients d'une autre étude ; c'est à leur notaire qu'il doit s'adresser.

Il ne saurait prétexter, pour leur faire des propositions directes, qu'il ne sait point quel est leur notaire, il doit dans ce cas le leur demander.

Lorsque des parties se présentent pour un acte quelconque chez un notaire que le règlement ne désigne pas comme ayant droit d'en tenir la minute, ce notaire devra prévenir les parties des dispositions du règlement, et, quel que soit le désir manifesté par son client, ne recevoir l'acte qu'après s'être bien assuré que c'est la volonté précise et libre des parties.

ARTICLE 4.

Les actes devront être écrits par le notaire, ou par un clerc travaillant habituellement en cette qualité.

Néanmoins, la Chambre pourra accorder au notaire démissionnaire l'autorisation d'écrire les actes de son successeur, pendant un délai qu'elle déterminera.

ARTICLE 5.

Les notaires ne pourront attribuer aux parties, dans leurs actes, que les titres qu'elles justifieraient être en droit de porter.

ARTICLE 6.

Un notaire ne pourra délivrer copie collationnée d'actes reçus par un autre notaire de l'arrondissement.

Pour ce qui concerne les expéditions ou extraits annexés d'actes reposant en minute chez un autre notaire de l'arrondissement, la Chambre se réserve l'appréciation des cas où le notaire détenteur des pièces annexées ou déposées pourra lui-même en délivrer expéditions ou extraits.

ARTICLE 7.

Conformément à la loi du 13 brumaire an VII, il est interdit aux notaires de délivrer des copies sur papier libre d'aucune espèce d'actes.

ARTICLE 8.

Bien qu'il soit d'usage entre notaires de se donner communication des actes, soit pour des éclaircissements, soit pour l'établissement des droits, le notaire dépositaire de la minute peut refuser de laisser prendre des notes nombreuses qui auraient pour résultat de tenir lieu d'expédition.

ARTICLE 9.

Dans tous les cas où le règlement n'indique pas un partage d'honoraires, la mention sur la minute du nom du second notaire ne peut donner à ce dernier aucun droit de participation.

ARTICLE 10.

En cas de refus par un client de signer un acte devant le notaire qui y a droit, celui qui le recevra devra le faire à titre de bonne confraternité, et en remettre les honoraires à son collègue.

ARTICLE 11.

Les notaires doivent s'abstenir, autant que possible, de dresser des actes sous seings privés, et ceux que les circonstances les amèneront à faire, autres que les compromis destinés à être réalisés par acte authentique dans un délai déterminé, donneront ouverture aux mêmes honoraires et seront soumis aux mêmes règles de partage que s'ils étaient authentiques.

ARTICLE 12.

Un notaire procédant à un inventaire ne peut se dispenser de parapher les titres nominatifs, même à la demande des clients tous majeurs.

Titre II. — Rang d'ancienneté.

ARTICLE 13.

Le rang d'ancienneté est déterminé par l'époque de la prestation de serment.

L'âge détermine le rang d'ancienneté entre les notaires qui ont prêté serment le même jour.

Et, si un notaire change d'étude, son rang d'ancienneté ne date que du jour de sa nouvelle prestation de serment.

Titre III. — Règles relatives aux clercs de notaires.

ARTICLE 14.

Il est interdit aux notaires de recevoir ou conserver, comme clercs ou même comme employés n'ayant pas d'inscription, des

greffiers ou commis-greffiers de justice de paix. Il leur est également interdit de recevoir ou conserver dans leurs études des clercs ou employés travaillant dans les bureaux soit des conservateurs des hypothèques, soit des receveurs d'enregistrement.

ARTICLE 15.

Lorsqu'un notaire viendra à décéder ou à traiter de son office, un autre notaire de l'arrondissement ne pourra employer le premier clerc de ce dernier pendant la vacance de l'étude, ni pendant six mois à dater du jour de la prestation de serment de son successeur, si ce n'est avec l'autorisation de la Chambre.

Cette disposition recevra également son application lorsqu'un premier clerc quittera l'étude d'un notaire sans l'autorisation de ce dernier.

ARTICLE 16.

Les certificats de stage délivrés par les notaires devront indiquer le grade du clerc à inscrire.

ARTICLE 17.

Les notaires ne pourront donner l'inscription à plus de six clercs, sans l'autorisation de la Chambre.

Titre IV. — Garde des minutes.

ARTICLE 18.

Les minutes des actes seront conservées par le notaire qui représentera la plus forte quotité d'intérêts ;

Et en cas d'égalité de droits, par le plus ancien en exercice, suivant l'ordre du tableau.

ARTICLE 19.

Par dérogation à ce qui vient d'être dit, les minutes des actes ci-après seront conservées, savoir, celle des :

Baux, par le notaire du bailleur ;

Cession de baux, de mobilier ou d'avolement garnissant les biens loués, par le notaire du cédant, sauf à lui a se pourvoir, s'il est nécessaire, de l'autorisation du propriétaire qui pourra donner son consentement par acte séparé et devant le notaire qui lui conviendra ;

Comptes de toute nature, par le notaire du rendant compte ;

Contrats de mariage, par le notaire de la future épouse ;

Délivrance de legs, par le notaire qualifié pour dresser l'inventaire.

Donations, par le notaire du donateur ;

Echanges, par le notaire le plus ancien en exercice ;

Inventaires de communauté : 1º *après décès,* par le notaire de l'époux survivant qui aura droit de faire toutes les opérations qui en sont la suite, conformément à ce qu'est dit ci-après, sous l'art. 28 nº 6 § D.

2º *Après séparation ou divorce,* par le notaire de l'époux au profit duquel le jugement sera rendu ; ou, par le notaire le plus ancien en exercice, en cas de séparation de corps ou divorce au profit des deux époux ;

3º *Avant séparation ou divorce,* par le notaire de l'époux demandeur ;

Inventaire de succession par le notaire du défunt, pourvu qu'il représente un intéressé (avec droit de faire toutes les opérations qui en sont la suite, conformément à ce qui est dit ci-après sous l'article 28, nº 6, § D).

A. — Si le défunt a fait un testament manifestant sa volonté de changer de notaire, c'est le notaire ainsi désigné par le testament qui sera considéré comme notaire du défunt et aura droit à la minute de l'inventaire, pourvu qu'il représente un intéressé.

Mais la nomination comme exécuteur testamentaire d'un autre notaire que celui du défunt, ne sera pas considérée, ipso facto, comme contenant la volonté de changer de notaire, si cette volonté ne se trouve pas exprimée par le testateur ; de même la nomination par le testateur d'un exécuteur testamentaire autre qu'un notaire n'emportera pas pouvoir tacite, pour cet exécuteur testamentaire, de choisir le notaire qui fera l'inventaire, si cette volonté ne se trouve exprimée par le testateur.

B. — Si d'autre part, le défunt a fait un testament contenant des dispositions universelles ou à titre universel ou autres, ne laissant pas de doute sur son intention de faire liquider sa succession par un notaire déterminé, détenteur ou non du testament, le notaire ainsi désigné aura droit à la minute de l'inventaire, même s'il ne représente aucun intéressé ; — la nomination à la fonction d'éxécuteur testamentaire ne sera pas considérée, ipso fasto, comme une disposition suffisante pour l'application des dispositions du présent paragraphe.

Liquidations de communauté, 1° *après décès,* par le notaire de l'époux survivant, sauf partage des honoraires avec le notaire du défunt, ainsi qu'il est dit à l'article 28 ci-après.

Toutefois, si la liquidation se fait après le décès du survivant, on appliquera pour chaque époux le principe établi pour une succession isolée ; et si ce principe donne qualité à deux notaires différents, pour le mari et pour la femme, les minutes appartiendront au notaire du dernier décédé.

2° *Après séparation et divorce,* par le notaire désigné ci-dessus pour dresser l'inventaire, lequel a droit à la minute de tous les actes postérieurs au jugement, quand même l'inventaire aurait été fait par le notaire de l'autre époux, avant le jugement :

Liquidations de maison de commerce ou de société, par le notaire du commerçant ou de la société ;

Liquidations de succession, par le notaire qui a droit à la minute de l'"inventaire ;

Mainlevées, par le notaire qui aurait droit de recevoir les quittances ;

Obligations, par le notaire du créancier, qui fera les renouvellements d'inscription, s'il reste intermédiaire entre le créancier et le débiteur. Toutefois, les minutes des obligations, ouvertures ou réalisations de crédit consenties par des sociétés foncières ou de crédit immobilier seront reçues par le notaire de l'emprunteur.

Partages d'ascendant, par le notaire du donateur, même s'il y a partage de biens autres que ceux donnés ;

Prorogations de Délai, par le notaire du créancier ; quand le créancier a changé d'étude, c'est au notaire chez qui il a porté sa clientèle que revient le droit de dresser l'acte de prorogation de délai.

Quittances de créances et prix de ventes amiables, par le notaire qui a reçu l'acte constitutif de la créance ou le contrat de vente, en vertu du principe que l'acte constatant la libération du débiteur doit se trouver dans la même étude que le titre établissant la créance, et cela même après transport, dation en paiement, nantissement ou donation devant un autre notaire ;

Quittances de prix de ventes judiciaires ou par suite d'ordre, par le notaire du propriétaire du bien vendu, ou du défunt en cas de succession vacante, même lorsque les titres des créanciers payés sont tous en l'étude d'autres notaires ; et, à défaut de notaire du propriétaire ou du défunt, par celui qui représentera les ayants droit aux plus fortes sommes ;

Quittances subrogatives, par le notaire détenteur de la minute de la créance remboursée ; mais si les fonds sont procurés par un autre notaire, la quittance ultérieure appartiendra à ce dernier ;

Rachats de rente, par le notaire qui a reçu l'acte constitutif ;

Ratifications, par le notaire détenteur de la minute de l'acte à ratifier ;

Rente (constitutions de), par le notaire du crédi-rentier ;

Sociétés, augmentations de capital, de quelque manière que ce soit, par le notaire de la société.

Sous-locations, par le notaire du sous-bailleur, sauf, s'il y a lieu, à fournir l'autorisation du propriétaire, comme pour les cessions de baux ;

Titres nouvels, par le notaire du crédi-rentier ;

Transports, par le notaire du cédant ;

Ventes, par le notaire du vendeur, lors même que celui-ci serait dessaisi de ses biens en faveur de ses créanciers.

Titre V. — Dispositions générales
sur la perception des honoraires.

ARTICLE 20.

Actes et opérations en général. — Les notaires se conformeront pour la perception de leurs honoraires au tarif légal et aux règles qui seront tracées plus loin, basées sur les lois et les usages de l'arrondissement de Lille.

ARTICLE 21.

Actes non désignés dans le tarif légal. — A l'égard des actes qui ne sont pas spécialement désignés dans le tarif légal, les notaires devront, pour la fixation des honoraires, prendre pour base les dispositions de ce tarif avec lesquelles ces actes auront le plus d'analogie, et à défaut de ces dispositions, ils demanderont l'avis de la Chambre de discipline.

ARTICLE 22.

Affaire non réalisée. — Le notaire qui a préparé une affaire dont la réalisation n'a pas lieu ne peut demander que des vacations en rapport avec l'importance de l'acte projeté, et suivant le travail et les dérangements que l'affaire a nécessités.

ARTICLE 23.

Calcul des honoraires de liquidation. — Dans une liquidation de communauté et succession les honoraires se calculent sur l'actif brut de la communauté et sur les reprises en nature de la succession, sans y ajouter les reprises en deniers des époux, ni celles en nature de l'époux survivant;

ARTICLE 24.

Constitution en dot d'une rente rachetable. — Dans un contrat de mariage contenant constitution de dot d'une rente rachetable, pour une somme déterminée, l'honoraire doit être perçu sur cette somme.

ARTICLE 25.

Honoraires d'ouverture de donation. — Si le notaire détenteur d'un acte de donation entre époux pendant le mariage, ou d'un contrat de mariage contenant donation au profit de l'époux survivant, n'est pas chargé des intérêts de ce dernier, les honoraires d'ouverture doivent être réclamés par le notaire que ledit époux aura choisi et remis par lui à son collègue.

Les évaluations portées dans la déclaration de succession serviront de base pour la perception des honoraires d'ouverture de donation, sauf, bien entendu, déduction du passif.

ARTICLE 26.

Ventes conclues pendant les expositions publiques. — Les ventes conclues pendant les expositions publiques donneront lieu aux mêmes frais et honoraires que si elles étaient conclues par adjudication.

Titre VI. — Partage des honoraires.

ARTICLE 27.

En principe les honoraires des actes ne sont sujets à partage qu'entre notaires conjointement chargés d'une même affaire ;

Ce partage aura lieu dans la proportion des intérêts que les notaires représenteront sans avoir égard à l'émolument du client.

Toutefois, conformément à l'article 11 du décret du 25 août 1898, la part du notaire détenteur de la minute ne pourra jamais être inférieure à la moitié, quels que soient les droits des notaires intervenants ;

Les droits de rôle appartiennent exclusivement au notaire détenteur de la minute, sauf ce qui sera dit article 32.

ARTICLE 28.

Les honoraires des actes énoncés en l'article 19 appartiendront aux notaires indiqués dans cet article comme ayant droit d'en conserver les minutes, sauf les dérogations suivantes :

1° Quand une vente aura été négociée entre les notaires des parties, ceux-ci en partageront par moitié les honoraires de négociation et le notaire détenteur de la minute conservera intégralement l'honoraire de rédaction alloué par le tarif légal. De même les honoraires de quittance et de mainlevée appartiendront en totalité au notaire détenteur de la minute de la vente.

Le partage n'aura pas lieu toutefois en cas de vente conclue à la suite de mise en adjudication dans les quatre mois de la tentative d'adjudication.

2⁰ En matière d'obligation, le notaire de l'emprunteur qui aura négocié l'affaire avec celui du prêteur n'aura droit qu'à la moitié de l'honoraire de négociation.

3⁰ En matière de baux, le notaire du preneur qui aura négocié avec celui du bailleur n'aura droit qu'à la moitié de l'honoraire de négociation.

4⁰ Les honoraires de transports ou de quittances subrogatives à l'aide de fonds procurés par le notaire du cessionnaire appartiendront intégralement au notaire du cédant, sauf au notaire du cessionnaire à recevoir du débiteur les honoraires de négociation comme ayant fourni les fonds. Ces derniers honoraires devront être réclamés avec les frais d'acte, par le notaire du cédant, lorsque son confrère lui en fera la demande.

5⁰ Dans une donation contenant partage, les honoraires appartiennent entièrement au notaire détenteur de la minute, même lorsque les co-partageants avaient antérieurement des droits dans les biens partagés.

6⁰ A. — Les honoraires de liquidation de succession appartiendront entièrement au notaire du défunt, pourvu qu'il représente un intéressé, où qu'il se trouve dans les conditions prévues à l'article 19 sous le mot " inventaire de succession § B. " Si le notaire du défunt ne se trouve pas dans les conditions dudit article et si, d'autre part, il ne représente plus aucun intéressé, la liquidation sera faite par le notaire des héritiers et, dans le cas où il y en aurait plusieurs, par celui qui représentera la plus forte quotité d'intérêts ; le partage des honoraires se fera alors dans la proportion des intérêts que chaque notaire intervenant représentera, sans toutefois que la part du notaire détenteur de la minute puisse être inférieure à la moitié.

B. — Les honoraires de liquidation de communauté appartiendront entièrement au notaire du défunt, s'il est le notaire de l'époux survivant et si la liquidation se fait durant la vie de ce dernier.

S'il n'est pas le notaire du survivant, c'est le notaire de ce dernier qui aura la minute des actes, mais il devra partager les honoraires par moitié avec le notaire du défunt, pourvu que ce dernier représente un intéressé.

Si la liquidation se fait après le décès du survivant, on appliquera les principes ci-dessus établis pour les liquidations de successions. Si l'application de ces principes donne qualité à deux notaires différents pour le mari et pour la femme, c'est le notaire du dernier décédé qui aura droit aux minutes des actes et le partage des honoraires se fera par moitié.

C. — Le notaire commis pour liquider les reprises d'une femme qui a renoncé à la communauté doit partager les honoraires avec le notaire du mari qui intervient pour examiner le travail.

D. — Toutes les règles établies au présent réglement en matière de liquidation de succession ou de communauté, tant pour l'attribution des minutes, que pour l'attribution ou le partage des honoraires, s'appliqueront, non seulement à l'acte liquidatif proprement dit, mais à toutes opérations connexes, en ce compris la déclaration de succession et les ventes, jusqu'au partage.

Toutefois ce principe ne doit s'appliquer qu'au cas où la liquidation suit le décès ; il ne recevra pas son application lorsque les parties seront demeurées dans l'indivision, par suite de l'existence d'un usufruit, de la présence de mineurs, ou pour toute autre cause. — Il cessera également de s'appliquer à tout notaire qui ne représenterait plus aucun interressé, à moins qu'il ne se trouve dans le cas du § E ci-après.

E. — Dans tous les cas où le défunt a fait un testament contenant des dispositions universelles ou à titre universel ou autres, ne laissant pas de doute sur son intention de faire liquider sa succession par un notaire déterminé, détenteur ou non du testament, le notaire ainsi désigné aura seul qualité pour liquider la succession, sans partage d'honoraires, même s'il ne représente aucun intéressé. — La nomination à la fonction d'exécuteur testamentaire ne sera pas considérée, ipso facto, comme une disposition suffisante pour l'application des dispositions du présent paragraphe.

F. — Dans tous les cas où il est admis ci-dessus le principe d'une participation, celle-ci ne peut être réclamée par un notaire intervenant après la clôture de l'inventaire. Toutefois, cette règle ne doit s'appliquer qu'au cas où la liquidation suit l'inventaire, de manière à former une série d'opérations ; elle ne recevra pas son

application lorsque, après la clôture de l'inventaire, ou tout autre acte constituant la qualité de notaire des parties, celles-ci sont demeurées dans l'indivision, par suite de l'existence d'un usufruit, de la présence de mineurs, ou pour toute autre cause.

G. — Dans tous les cas où, malgré une intervention effective, le présent règlement n'admettra pas le partage des honoraires, le notaire intervenant, comme conseil, sera fondé à réclamer au client qu'il aura représenté, des honoraires particuliers, par application des dispositions de l'article 3 du décret du 25 août 1898. Il en indiquera le montant au notaire liquidateur qui les portera au débit du compte particulier du client représenté.

7° Les honoraires des actes d'augmentation de capital des sociétés, se partagent entre le notaire de la société, rédacteur de la minute, et le notaire de l'apporteur, quand l'intervention de ce dernier est réclamée ; en cas d'apport vente, l'honoraire spécial à la vente sera remis en entier au notaire de l'apporteur et exclu du partage.

Les honoraires de dissolution et de liquidation de sociétés, appartiennent au notaire de la société dans les mêmes conditions que celles établies ci-dessus pour l'attribution au notaire du défunt de l'intégralité des honoraires de liquidation des successions.

Les notaires des associés intervenant comme conseils des parties, auront droit, s'ils le jugent utile, à des honoraires particuliers, perçus en vertu des dispositions de l'article 3 du décret du 25 août 1898, et réglés de la même façon qu'il a été indiqué ci-dessus dans le cas des successions.

ARTICLE 29.

Les honoraires de toutes les opérations concernant une communauté ou une succession, en ce compris la déclaration de succession et les ventes jusqu'à la liquidation, seront soumis aux mêmes règles d'attribution ou de partage que ceux de liquidation sous les réserves indiquées à l'article 28 ci-dessus n° 6 § D.

ARTICLE 30.

Les honoraires d'échange seront partagés par moitié.

ARTICLE 31.

Conformément à l'article 10 du décret du 25 août 1898, les vacations d'un inventaire sont doublées quand il y a un second notaire intervenant ; dans ce cas le notaire détenteur de la minute a droit à la moitié de ces vacations, et l'autre moitié est pour le second notaire qui, s'il y a d'autres notaires intervenants, la partage avec eux proportionnellement aux intérêts que chacun représente.

ARTICLE 32.

Lorsqu'un notaire se servira du ministère d'un de ses confrères par suite d'empêchement de parenté ou pour raison d'intérêt personnel, tous les émoluments de l'acte appartiendront au notaire remplacé, ainsi que tous les honoraires d'expédition aussi longtemps que ce dernier restera en exercice.

Cette règle recevra son application, quel que soit le lieu où l'acte aura été passé.

En cas de remplacement uniquement par suite d'incompétence territoriale, les honoraires de la minute et ceux de l'expédition seront partagés par moitié. Les honoraires des extraits ou expéditions levés après le règlement de l'affaire seront partagés, aussi longtemps que le notaire remplacé demeurera en exercice.

ARTICLE 33.

Le notaire commis par justice et ne représentant aucune des parties en cause, devra partager avec leur notaire les honoraires de tous les actes qu'il fera en conséquence de sa commission et pour lesquels le partage est admis entre notaires. Toutefois la présente disposition ne pourra nuire aux droits du notaire réunissant les conditions de l'art. 28 - 6º - § E, ou remplacé par suite de parenté ou d'intérêt personnel.

ARTICLE 34.

Le partage des honoraires avec un notaire d'un autre arrondissement ou avec un notaire étranger est strictement interdit toutes les fois que le règlement du confrère intervenant n'admet pas la réciprocité.

Sous condition de cette réciprocité, on appliquera pour le partage des honoraires le règlement du confrère intervenant.

Dans le cas où le règlement dudit confrère serait muet sur l'espèce à régler, ou bien dans le cas où il serait conçu dans les mêmes termes que ceux ci-dessus, la question serait portée devant la chambre de discipline qui établirait un modus vivendi spécial avec la compagnie étrangère intéressée.

Inversement, les notaires de l'arrondissement de Lille pourront réclamer aux notaires d'autres arrondissements ou aux notaires étrangers, des participations, même lorsqu'elles ne sont pas admises par le présent règlement en faveur des notaires de l'arrondissement de Lille. Dans ce cas, il y aura lieu d'appliquer comme ci-dessus le règlement du confrère et, en cas d'insuffisance de ce règlement, de porter la question devant la chambre de discipline.

Exceptionnellement, en ce qui concerne les ventes, lorsqu'il y aura conflit entre le présent règlement et un règlement qui attribue la minute au notaire de l'acquéreur, on devra accorder la priorité au règlement de l'arrondissement où se trouve situé l'immeuble. Dans le cas où l'immeuble serait situé en dehors des arrondissements respectifs des deux notaires en présence, la minute reviendrait au notaire le plus ancien en exercice. Le partage des honoraires se ferait suivant le principe général ci-dessus établi.

ARTICLE 35.

Le notaire commis pour représenter des absents participe aux honoraires comme si ceux-ci l'avaient chargé de leurs intérêts.

ARTICLE 36.

Le notaire qui concourra à la délivrance d'un certificat de propriété, dans une affaire à laquelle il ne participe pas, aura droit à un honoraire égal à celui que lui procureraient les expéditions ou extraits des actes visés se trouvant en son étude, sans que cet honoraire puisse être supérieur à la moitié de celui du certificat.

Titre VII. — Ventes publiques.

ARTICLE 37.

Les placards et annonces des ventes amiables n'indiqueront que deux notaires comme chargés, soit de faire la vente, soit de donner des renseignements;

Toutefois, si des notaires d'un autre arrondissement sont aussi chargés de la vente, le nom de l'un de ces notaires pourra également être porté sur l'affiche;

Le nom du notaire instrumentant sera porté le premier sur l'affiche, conformément à l'article 22 du règlement approuvé.

ARTICLE 38.

Il est interdit aux notaires d'indiquer pour les ventes de bois le lieu de réunion dans un cabaret, et ils ne pourront éluder cette règle en indiquant le nom du débitant, sans faire connaître sa profession.

ARTICLE 39.

Le notaire commis par justice sera seul désigné dans les affiches et avis annonçant l'adjudication, conformément à l'article 21 du règlement approuvé;

Le partage des honoraires se fera néanmoins, s'il y a lieu, entre les notaires chargés de l'opération, conformément à ce qui est dit au titre qui précède.

ARTICLE 40.

Les notaires devront se conformer pour la rédaction du cahier des charges et des procès verbaux d'adjudication, aux modèles adoptés par la Chambre, en ne modifiant que les clauses contraires aux intentions des parties.

ARTICLE 41.

Toute mise à prix acceptée ou proposée devra être constatée par acte authentique et annoncée dans les affiches et insertions par les mots: *mise à prix acceptée de* . . . ou *mise à prix proposée de* . . . Ces termes sont considérés comme réglementaires, sauf application du règlement approuvé par la Chambre pour le mode de vente adopté par les notaires de Lille.

Titre VIII. — Emoluments divers
prévus par l'article 3 du décret du 25 août 1898.

ARTICLE 42.

Les émoluments dûs aux notaires pour négociations, entremise, travaux ou missions à titre spécial, seront réglés sous le contrôle de la chambre de discipline, et perçus au tarif maximum ci-après :

I. — Négociation.

Vente d'immeubles, d'objets mobiliers, de coupes de bois, de fonds de commerce et cessions d'indemnités de dommages de guerre afférentes aux mêmes biens et en général toutes ventes mobilières et immobilières.................................... 2 » %.

Obligations .... 1 25 %

Sociétés de personnes (en nom collectif on en commandite simple).... 1 » %

Cessions de marchandises comme accessoires d'un fonds de commerce, prorogation de délai, prorogation de société ... . 0 50 %

Baux : pour biens urbains et biens ruraux..................*honoraires doublés*

Échange : sur la valeur la plus forte des deux lots échangés.......... 2 » %

Promesse de vente : moitié de l'émolument dû en matière de vente l'autre moitié restant à percevoir en cas de réalisation.

II. — Gestion.

Gérance d'immeubles, gestion de fortune, de succession, séquestre amiable, liquidation de société, exécution testamentaire :

Sur les capitaux encaissés : (à l'exclusion de ceux touchés en exécution d'actes de vente ou d'emprunt reçus en l'étude).

Jusqu'à 200.000 francs........................... ... . 1 » %

De 200.000 à 1.000.000....... ... ... 0 50 %

Au-delà... 0 25 %

Sur les revenus encaissés (y compris le droit de recette prévu au paragraphe suivant).., 5 » %

Les honoraires de gestion appartiennent en entier au notaire chargé de l'administration sans aucun partage avec d'autres notaires.

III. — Recettes et Revenus.
(En dehors du cas de gestion).

Sur loyers .... 5 » %

Sur fermages.. 5 » %

Sur intérêts de créances hypothécaires et arrérages de rente viagère... 3 » %

Sur intérêts et dividendes de valeurs y compris le droit de garde...... 1 50 %

IV. — **Valeurs de Bourse.**

Au cas de transfert ou de conversion de valeurs avec pièces, effectués par les soins
du notaire, il lui sera alloué, en sus de ses frais et débours.............. 0 25 %

Dépôt et retrait de valeurs en banque........................... *vacations*

Timbrage de valeurs étrangères................................ *vacations*

V. — **Travaux et mandats divers.**

Actes sous seings privés, mêmes honoraires que si l'acte était notarié.
Certification de signatures..................................... 2 »

Déclaration de succession, dépôt, discussion avec l'administration,
paiement des droits : sur le montant des droits et taxes................. 2 » %

Expertises : mêmes honoraires que les experts étrangers au notariat.

Mémoires pour la préparation pour les avoués des demandes en partage
ou de cahier des charges pour vente à la barre — envoi en possession —
autorisation de cession de dommages de guerre...... *vacations minimum* 12 »

Recouvrement de créances litigieuses ou commerciales .... 5 » %

Sociétés par Actions — Direction des formalités constitutives de la
société, feuilles de présence, procès verbaux, déclarations d'existence, et
accomplissement de formalités autres que celles rémunérées par le tarif légal :
émoluments égaux aux honoraires de l'acte de société.

Transactions, arrangements avec créanciers, dépôts et retraits de fonds
à la caisse de dàpôts et Consignations ; — Représentation à un conseil de
famille ; assistance d'un incapable comme tuteur ou conseil judiciaire ; —
Mémoire pour la réunion d'un conseil de famille ; mémoire pour la préparation pour les avoués de requête à fin d'autorisation maritale ou de
commission d'un notaire pour représenter un absent. — Pétition, opposition
à contrainte, conseils. — Correspondance.....................................
vacations ou honoraires particuliers suivant la nature et l'importance de l'affaire

---

Le présent règlement comprenant la refonte des précédents a été arrêté, le
16 avril 1924, par la Chambre des notaires de l'arrondissement de Lille
composée de :

Mes Duchange, président ; Tamboise, premier syndic ; Collette, second
syndic ; Fontaine (de Roubaix), rapporteur ; Six, secrétaire ; Bigo, trésorier ;
Dufour, Desrousseaux et Ibled, membres.

RÈGLEMENT

DES

ADJUDICATIONS

DEVANT LES

NOTAIRES DE LILLE

ADJUDICATIONS D'IMMEUBLES

DEVANT LES NOTAIRES DE LILLE.

RÈGLEMENT

Adopté par Messieurs les Notaires de Lille, le 22 Novembre, 1898, confirmé par délibération de la Chambre de discipline du 7 Décembre suivant et modifié par décisions des 28 Novembre 1903 et 18 Janvier 1923.

ARTICLE 1.

Toutes les adjudications volontaires d'immeubles que les notaires de Lille sont chargés de faire à Lille, auront lieu dans la salle publique établie à cet effet dans l'immeuble de la Chambre, 7, rue de Puébla, les 8, 18 et 28 de chaque mois, ou, le jour ouvrable suivant, si l'une de ces dates correspond à un jour férié, et en outre, tels autres jours que les circonstances exigeront.

Il en sera de même pour les ventes judiciaires, à moins que le jugement ou arrêt ordonnant la vente n'ait indiqué un autre lieu pour l'adjudication.

ARTICLE 2.

Elles seront faites sous la direction d'une Commission composée d'un président et d'un secrétaire.

La Présidence appartiendra à celui des notaires de Lille occupant le grade le plus élevé dans la Chambre.

Les fonctions de secrétaire seront, à partir du mois de Mai prochain exercées par le plus jeune notaire de Lille faisant partie de la Chambre et n'en étant pas le secrétaire.

ARTICLE 3.

Les séances d'adjudication commenceront à deux heures précises, sans surséance, et ne pourront être indiquées que pour cette heure.

Elles seront présidées par le notaire de Lille, membre ou ancien membre de la Chambre, inscrit le dernier sur le rôle, ou désigné par le président si aucun notaire vendeur ne fait ou n'a fait partie de la Chambre.

Les notaires vendeurs et le notaire commissaire devront être réunis dans le local de la Chambre avant deux heures.

Le notaire commissaire arrêtera la feuille de présence à l'ouverture de la séance. Il aura la police et la tenue des séances.

Le notaire commissaire et ceux des vendeurs devront être en costume noir avec cravate blanche.

Dans le cas où un notaire vendeur ne répondrait pas à l'appel de son nom dans l'ordre fixé par le rôle, il ne pourrait plus requérir la mise aux enchères des immeubles annoncés en vente qu'après épuisement du rôle.

ARTICLE 4.

Il sera, avant toute publicité, dressé un procès-verbal fixant la mise-à-prix et les conditions particulières de la vente et se référant au cahier des charges adopté par la Chambre.

Ce procès-verbal sera signé par les vendeurs ou leurs mandataires et présenté au secrétaire préalablement à toute inscription au rôle.

S'il est apporté des modifications aux conditions de la vente, cette circonstance devra être annoncée publiquement avant la lecture de ces modifications.

En même temps qu'ils signeront le procès-verbal de mise-à-prix, les vendeurs seront tenus de constituer un mandataire qui aura le pouvoir de requérir la mise aux enchères et l'adjudication.

ARTICLE 5.

Le rôle des adjudications sera arrêté 20 jours à l'avance par le secrétaire, suivant l'ordre des inscriptions que fera ce dernier sur la communication des procès-verbaux de mise-à-prix.

Les communications de mise en vente faites après la clôture du rôle seront néanmoins acceptées et inscrites à la suite du rôle.

ARTICLE 6 (nouveau).
(Résolution du 28 Novembre 1903).

Le rôle des adjudications sera publié 2 fois dans la *Dépêche* et le *Nouvelliste*, 2 fois dans le *Progrès du Nord*, 1 fois dans l'*Écho du Nord* et le *Grand Écho* et 1 fois dans la *Croix*, avec faculté pour le président et le secrétaire de la commission d'augmenter cette publicité de la manière qu'ils jugeront utile.

Il indiquera sommairement les biens à vendre, la mise-à-prix de chacun d'eux et l'ordre dans lequel les adjudications auront lieu.

Un placard contenant le rôle sera affiché par les soins du secrétaire à la porte et dans la salle des adjudications.

Un exemplaire de ce placard sera envoyé à chaque notaire de Lille, pour être apposé dans son étude, et affiché sur chaque tableau réservé aux notaires de Lille par les Compagnies d'affichage.

Il en sera imprimé 100 sous petit format qui seront distribués aux amateurs le jour des adjudications et envoyés aux notaires de l'arrondissement.

Cette publicité sera payée au moyen de l'allocation prévue sous l'article 11 ci-après.

Elle n'empêchera pas celle que chaque notaire jugera convenable de faire dans l'intérêt de l'affaire dont il est chargé et sera comprise dans les frais préalables dont le montant sera annoncé au moment de l'adjudication.

ARTICLE 7.

Les cahiers des charges et affiches de ventes volontaires à la salle des adjudications doivent contenir la mention suivante :

« L'adjudication des immeubles mis en vente sera prononcée à l'extinction des feux sur la mise-à-prix ci-dessus au profit de l'enchérisseur le plus offrant ».

Les affiches devront porter en tête et précédant l'indication de l'étude du notaire vendeur, cette mention :

« Salle des adjudications des notaires de Lille, rue de Puébla, N° 7 ».

Cette mention devra également être reproduite comme titre dans les placards contenant le rôle.

ARTICLE 8.

Le cahier des charges adopté par la chambre sera lu publiquement au début de la séance d'adjudication.

Chaque mise aux enchères sera précédée de la lecture publique, par le notaire vendeur, du procès-verbal de mise à prix et des modifications apportées au cahier des charges.

ARTICLE 9.

Les adjudications seront prononcées à l'extinction des feux.

Les enchères seront reçues de vive voix.

Toute enchère fictive est interdite.

Un notaire ne devra enchérir qu'autant qu'il sera porteur d'un pouvoir spécial de son client.

ARTICLE 10.

Le notaire commissaire devra se faire justifier de la réalité des adjudications par la représentation des procès-verbaux d'enchères qu'il signera en second chaque fois que cela sera possible.

9*

ARTICLE 11 (nouveau).
(Résolution du 18 Janvier 1923).

Chaque mise au rôle donnera lieu à la perception sur la mise-à-prix de chaque article d'un droit d'inscription de :

0,25 % jusqu'à 10.000 francs ;
0,20 % de 10.000 à 50.000 francs ;
0,15 % de 50.000 à 100,000 francs ;
0.10 % au dessus de 100.000 francs.

Le maximum qui pourra être perçu sera de 300 francs pour les ventes jusque 400.000 francs et de 400 francs pour celles au dessus de 400.000 francs.

Ce droit servira à la formation d'une bourse commune, destinée à payer, outre la cotisation afférente au local de la Chambre, les frais de publicité prévus par l'article 6 ci-dessus, ainsi que tous autres frais.

ARTICLE 12.

Le présent règlement sera mis en vigueur à dater du 1er janvier 1899.

ARTICLE 13.

Aucun notaire ne peut procéder à la vente aux enchères, de biens immeubles appartenant en totalité ou en partie à des incapables, sans l'accomplissement de toutes les formalités prescrites par la loi, encore bien que les parties majeures consentent à se porter fort desdits incapables, et lors même que la portion afférente à ceux-ci dans le prix doit rester entre les mains de l'adjudicataire jusqu'à l'époque de la ratification, sauf autorisation du président de la Chambre dans des cas exceptionnels.

Cette disposition ne fait point obstacle à ce que les portions appartenant aux majeurs libres de leurs droits soient mises en vente par adjudication.

ARTICLE 14.

Le présent règlement ne s'appliquera pas aux ventes faites devant les commissions administratives des hospices ou du bureau de bienfaisance de Lille, ou devant toutes autres administrations et dans leurs locaux.

ARTICLE 15.

Il pourra être modifié par décision de l'Assemblée générale des notaires de Lille, prise à la majorité des membres présents et sauf confirmation de la Chambre.

CIRCULAIRES MINISTÉRIELLES

CONCERNANT LES

LOCATIONS DE SALLES

POUR LES

ADJUDICATIONS

CIRCULAIRES

Concernant les locations de salles pour les adjudications

1° De Monsieur le Ministre de l'instruction publique du 30 Août 1882.

Monsieur le Préfet,

Mon attention a été appelée sur les difficultés que rencontrent souvent dans les communes rurales les notaires qui demandent à faire usage des salles d'école pour les adjudications publiques.

Je ne vois aucun inconvénient à ce que ces officiers ministériels aient à leur disposition les salles d'école, pourvu que les adjudications n'aient lieu que les jeudis et dimanches ou, à la rigueur les autres jours après 4 heures.

Les communes bénéficieront, au contraire, de cette tolérance, car elles auront le droit d'exiger des notaires, au bénéfice de la caisse des écoles, une redevance fixée ainsi qu'il suit par séance :

5 francs pour une adjudication de 1.000 francs, et au dessus, quel que soit le nombre des lots ;

2 fr. 50 si la somme est inférieure à 1.000 francs.

Veuillez porter, à la connaissance de MM. les maires, ces dispositions concertées avec mes collègues de la Justice et de l'intérieur.

2° De Monsieur le Ministre de l'intérieur du 5 Septembre 1882.

Monsieur le Préfet,

Une circulaire d'un de mes prédécesseurs, en date du 2 décembre 1854, vous invitait à engager les administrations municipales des communes rurales de votre département à mettre les salles de mairie, d'école et de justice de paix à la disposition des notaires pour les adjudications publiques, auxquelles, faute d'un local convenable, ces officiers ministériels étaient souvent obligés de procéder dans les auberges ou cabarets. Je n'ai rien à ajouter aux considérations de morale et de dignité professionnelle invoquées par cette circulaire, et qui ont conservé toute leur valeur.

M. le Ministre de la Justice m'a fait connaître récemment que des difficultés se seraient élevées dans quelques départements entre des maires et des notaires, difficultés qui seraient de nature à entraver l'application de la circulaire précitée. Mon collègue pense, et M. le Ministre de l'Instruction publique partage son avis, qu'il conviendrait d'arrêter une mesure générale réglant uniformément, pour toute la France, la faculté pour les officiers publics de procéder à leurs adjudications dans les bâtiments communaux à des conditions nettement indiquées.

Ces conditions, indépendamment de l'observation des jours et heures fixés par les maires suivant les exigences des services municipaux, consisteraient en une rétribution au profit de la commune, par séance, de 5 francs pour une adjudication ou tentative d'adjudication de 1.000 francs et au dessus, quel que soit le nombre des lots, et de 2 francs 50 si la somme est inférieure à 1.000 francs.

J'adhère à la manière de voir de mes collègues et je vous prie d'adresser dans ce sens des observations aux maires de votre département pour la mise à la disposition des notaires des salles de mairie.

Vous ne perdrez pas de vue, d'ailleurs, ainsi que le faisait observer la circulaire du 2 décembre 1854, que vous ne pouvez agir dans cette circonstance que par la voie de la persuasion, les conseils municipaux ayant l'initiative des actes de propriété relatifs aux biens communaux.

Vous recevrez prochainement des instructions analogues de M. le Ministre de l'Instruction publique pour les salles d'école, M. le Ministre de la Justice les communiquera d'ailleurs aux procureurs généraux en ce qui concerne les prétoires des justices de paix.

3º *De Monsieur le Ministre de la Justice du 28 Octobre* 1882.

MONSIEUR LE PROCUREUR GÉNÉRAL,

Par une circulaire du 13 novembre 1855, l'un de mes prédécesseurs portait à la connaissance des chambres de discipline des notaires que, à la suite d'un accord intervenu entre le département de l'Intérieur et celui de la Justice, il avait été recommandé aux maires des communes rurales de mettre les salles de mairie ou d'école à la disposition de ces officiers publics pour les adjudications.

La faculté d'utiliser les bâtiments communaux demeurait toutefois subordonnée à la condition d'une redevance, qui devait être débattue à l'amiable entre les chambres des notaires et les conseils municipaux.

Des difficultés s'étant produites à ce sujet, il a paru qu'il était préférable d'arrêter une mesure générale réglant uniformément, pour toute la France, les conditions sous lesquelles les notaires pourraient avoir la disposition des salles de mairie, salles d'écoles ou prétoires de justices de paix.

Une entente s'est établie entre les divers départements ministériels intéressés. Il a été convenu que la rétribution à percevoir consisterait en une redevance, par séance, de 5 francs pour une adjudication ou tentative d'adjudication de 1.000 francs et au-dessus, quel que soit le nombre des lots, et de 2 francs 50 si la somme est inférieure à 1.000 francs.

Il demeure d'ailleurs entendu que les notaires, malgré la mesure générale ainsi concertée, continueront à s'adresser aux magistrats et conseils municipaux auxquels appartient la gestion des propriétés communales. Ils devront également se conformer aux indications qui leur seront fournies relativement aux jours et heures réservés pour les services municipaux ou judiciaires. En ce qui concerne spécialement les salles d'école, les adjudications ne pourront avoir lieu que les jeudis et dimanches ou à la rigueur, les autres jours après 4 heures.

En vous communiquant ces nouvelles mesures, que je vous prie de porter à la connaissance de vos substituts, des juges de paix, et des présidents des chambres de discipline, je joins à la présente circulaire un exemplaire des instructions adressées au préfet par M. le Ministre de l'Intérieur et par M. le Ministre de l'Instruction publique.

Je vous prie de vouloir bien m'accuser réception desdites instructions.

Lille, imprimerie L. Danel.